陈广杰 著

谋事在人

大汉王朝的缔造者

上海财经大学出版社
SHANGHAI UNIVERSITY OF FINANCE & ECONOMICS PRESS

图书在版编目(CIP)数据

谋事在人：大汉王朝的缔造者 / 陈广杰著.
上海：上海财经大学出版社, 2024.8. -- ISBN 978-7
-5642-4424-8
Ⅰ.F272
中国国家版本馆 CIP 数据核字第 2024F2T263 号

□ 策划编辑　陈　强　朱晓凤
□ 责任编辑　朱晓凤
□ 封面设计　贺加贝

谋 事 在 人
——大汉王朝的缔造者

陈广杰　著

上海财经大学出版社出版发行
(上海市中山北一路 369 号　邮编 200083)
网　　址:http://www.sufep.com
电子邮箱:webmaster@sufep.com
全国新华书店经销
苏州市越洋印刷有限公司印刷装订
2024 年 8 月第 1 版　2024 年 8 月第 1 次印刷

890mm×1240mm　1/32　9.75 印张(插页:2)　172 千字
定价:58.00 元

序 言

  这本书用《道德经》第八章的思想来解读西汉的重要人物。本书选取了6位西汉时期的重要代表人物：刘邦、项羽、吕后、汉文帝、汉景帝和汉武帝，然后分别从7个角度来分析他们；每一个角度为独立一章，每一章有6节，分别讲述一个人物的自我定位、内心格局、人际交往、沟通方式、组织管理、应急反应、重大抉择等能力。所以，本书一共有42节，每一节都可以作为独立的故事来阅读和思考。

  本书参考的历史文献主要是司马迁的《史记》，为了更忠实于原著以及佐证作者的观点，本书也会直接引用一些重要的《史记》原文，但是不多，而且会有简单的翻译，所以不影响读者的阅读。

  《道德经》被称为"万经之王"，是中国最古老、最完整、最系统的哲学著作，在国内家喻户晓，同时也是在国外传播较广的中国著作。本书只是选取了《道德经》其中的一个章节（第八章"上善若水"）来进行展开和应用。

"上善若水"在中国的知名度非常高,不管有没有读过《道德经》,基本上都听过这句话,但这可能也是被误解最深的一句话。我们常常把"上善若水"理解为"学习水的善良",但其实在《道德经》里面,"善"没有"善良"这个意思。准确讲,"上善若水"应该理解为"学习水的能力"。因为水是独立的客观存在的物体,不会以人的意志为转移和偏离,人不会影响水的功能和性能。不管人愿不愿意,水都会滋养花草;不管人高不高兴,每年夏天世界各地都会有洪水淹没良田房屋。水没有善恶的属性,如果人类能够降伏水,水就会是一条温顺的巨龙,灌溉良田;如果人类不能降伏水,水就会变成一条恶龙,肆虐大地,摧毁一切。人类五千年的文明史何尝不是一部和水斗争的历史呢?东方有大禹治水,西方有诺亚方舟。和水斗争的历史,不就是"寻道"的过程吗?

老子认为水最接近于道,并总结了水的七种特点,为我们指明了学习的 7 个方向,分别是:居善地、心善渊、与善仁、言善信、正善治、事善能、动善时。本书就是从这 7 个方向逐个剖析刘邦、项羽、吕后、汉文帝、汉景帝和汉武帝的,所选用的案例也是以史实为基础,集客观性、逻辑性、独立性为一体。

本书通过 6 位人物、7 个角度讲述的 42 个故事不是老调重弹,而是把家喻户晓的故事从特殊的角度采用不同的方式再次表述,探究故事背后的本质,从故事中提炼出相对恒久的规律,来阐述人生的真谛。

希望每一位读者都能在阅读时找到指导自己生活和工作的灵感!

目 录

第一章　我是谁 / 1
第一节　大丈夫当如此也——刘邦 / 4
第二节　彼可取而代也——项羽 / 13
第三节　夫人天下贵人——吕后 / 21
第四节　夏启以光——汉文帝 / 29
第五节　继往开来——汉景帝 / 35
第六节　天之骄子——汉武帝 / 40

第二章　心有多大舞台就有多大 / 47
第一节　被挫折撑大格局的刘邦 / 49
第二节　无往不胜也撑不大格局的项羽 / 56
第三节　能屈能伸的吕后 / 63
第四节　可以共富贵的汉文帝 / 70
第五节　逼杀周亚夫的汉景帝 / 78
第六节　无法给李广封侯的汉武帝 / 84

第三章　升米养恩，斗米养仇 / 93

第一节　与朋友互相成就的刘邦 / 96

第二节　喜欢利用朋友的项羽 / 103

第三节　善于划定边界的吕后 / 114

第四节　无奈的帝王汉文帝 / 120

第五节　废立太子的汉景帝 / 126

第六节　难过美人关的汉武帝 / 132

第四章　有效沟通的关键 / 139

第一节　善于换位思考的刘邦 / 142

第二节　"钢铁直男"的项羽 / 150

第三节　一哭二闹三上吊的吕后 / 155

第四节　逼死亲弟的汉文帝 / 162

第五节　让弟弟抑郁而终的汉景帝 / 168

第六节　推卸责任的汉武帝 / 174

第五章　放手还是紧抓不放 / 181

第一节　刘邦的无为和无不为 / 184

第二节　项羽的无所不为 / 190

第三节　吕后的无为而治 / 196

第四节　汉文帝的为而不争 / 203

第五节　汉景帝的为而有争 / 210

第六节　汉武帝的"微积分" / 216

第六章　解决问题的利刃 / 223

第一节　刘邦的以柔克刚 / 226

第二节　项羽的以刚克刚 / 233

第三节　吕后的强硬手段与反噬 / 239

第四节　汉文帝的与狼共舞 / 245

第五节　汉景帝做到了"北方无战事" / 252

第六节　汉武帝书写了"漠南无王庭" / 258

第七章　成败在于抉择 / 265

第一节　刘邦的风云际会 / 268

第二节　项羽的错失良机 / 275

第三节　吕后的治之于未乱 / 278

第四节　汉文帝的机不可失 / 284

第五节　汉景帝的借机发挥 / 290

第六节　汉武帝的防患于未然 / 296

第一章

我是谁

第一章 我是谁

居善地，直观的解读就是：居住要善于选择地方。水是怎么选择停留的地方呢？水只有一个原则，那就是永远停留在最低处。哪怕是在山巅之上，水也是停留在低洼处；水走过的所有路都是平行路线中的最低处；水最终的归宿也是地球的最低处——大海。老子认为，人就应该学习水的这种特性，把这种特性转化为自己的能力，具体而言就是：无论你处在社会的什么位置，都要保持在这个位置的最低姿态。要保持"在这个位置的最低姿态"，那首先就需要明确自己到底处在什么位置，这是人生最重要的课题。再通俗点就是：我是谁？我要成为谁？

当刘邦还是一个亭长的时候，看到秦始皇时就说"大丈夫当如此也"，这个信念支撑他屡败屡战；当项羽还在和叔叔一起流浪的时候，看到秦始皇却说出了"彼可取而代之"，这个信念支撑他破釜沉舟，大战巨鹿；当吕后还是一个家庭妇女的时候，算命老头儿说她"夫人天下贵人"，这个信念支撑她走过了披荆斩棘的前半生；当汉文帝还是一个偏远山区的代王时，抽签抽到"夏启以光"，这个信念坚定了他不顾一切地冲向长安城继承

皇位;当汉景帝顺利继承皇位的时候,他坚信自己能够继往开来,这个信念支撑他顺利平定七国之乱;当汉武帝继承皇位的时候,他坚信自己就是天之骄子,这个信念支撑他把匈奴打到"漠南无王庭"。

这就是自我定位的力量!

第一节　大丈夫当如此也——刘邦

"嗟乎,大丈夫当如此也!"这是刘邦到咸阳出差,在街道上远远看到秦始皇后发出的内心感慨。当时的刘邦只是一个秦朝基层的公务员——亭长,相当于现在的派出所所长,属于县管干部。从亭长到丞相都是一个遥不可及的官场历程,更别说是从亭长到皇帝了,简直就是白日做梦。暂不说刘邦当时是否真有做皇帝的心,但是他一定有了一个异想天开的人生目标了。那么他为什么会有这种不切实际的想法呢?刘邦到底是怎么样的一个人呢?

一、百姓眼中的刘邦

司马迁写《史记》的时候曾专门到民间走访过,收集了大量的一手资料,《史记》中针对刘邦的相貌特征和性格爱好的描写或许也有收集的民间信息。

高祖为人,隆准而龙颜,美须髯,左股有七

十二黑子。仁而爱人,喜施,意豁如也。常有大度,不事家人生产作业。及壮,试为吏,为泗水亭长,廷中吏无所不狎侮。好酒及色。常从王媪、武负贳酒,醉卧,武负、王媪见其上常有龙,怪之。高祖每酤酒留饮,酒雠数倍。及见怪,岁竟,此两家常折券弃责。(《史记·高祖本纪》)

通过《史记》中的这段描述我们可以推出以下几点信息。

首先,刘邦五官端正,身体健康。

"隆准"是指鼻子又高又直,鼻子在人的五官正中,一个人的鼻子很直,五官就很端正;"龙颜"是指上额突出,就是额头饱满的意思;"美须髯"是指胡子很漂亮,古代男子的胡子越多越长便越漂亮,从现代科学的角度来看,胡子多象征着雄性激素分泌旺盛,证明身体非常健康。良好的身体素质和健康的体魄,这也为刘邦后来的军旅生涯打下了坚实的基础。至于刘邦左腿上的72颗黑痣是什么意思呢?身上有痣很正常,但是有72颗就比较特殊。而且数字72本身也很特殊,比如孔子的弟子中贤人是72位,孙悟空的变化也是72等。当然,刘邦身上是否真的存在这些痣我们不得而知,或许百姓认为刘邦毕竟是不同寻常的,因此给添上了这72颗痣。

其次,刘邦性格豁达而且有仁爱之心,但就是不爱

干农活。

　　在农业社会，男人最重要的工作就是种地。几千年来，土地几乎是农民唯一的收入来源。"不事家人生产作业"意思是指刘邦偏偏不爱干农活。不过刘邦"仁而爱人，喜施"，可见刘邦不是那种好吃懒做、自私自利的人，只是志不在此。刘邦为人处世的热心肠也是可以得到佐证的。年轻时的刘邦虽然不富裕，但是热情好客，时不时还邀请朋友到家里做客。估计这种事情发生太多次了，导致他的大嫂就有意见了，有一次故意不给他们饭吃。其实这事情也不能完全怪大嫂，刘邦的大哥去世早，大嫂一个人操持家务也不容易，加上刘邦又不干农活，一般人是很难理解刘邦的这种行为的。这件事情被司马迁记录到了《史记·楚元王世家》里："高祖兄弟四人，长兄伯，伯蚤卒。始高祖微时，尝辟事，时时与宾客过巨嫂食。嫂厌叔，叔与客来，嫂详为羹尽，栎釜，宾客以故去。已而视釜中尚有羹，高祖由此怨其嫂。"从这件事还可以看出刘邦喜欢较真，等大嫂把他的朋友气走后，刘邦又亲自跑到厨房查看，结果掀开锅盖一看竟然还有饭，于是就把大嫂这个仇给记上了。这种喜欢深入一线调研的性格也培养了刘邦后来实事求是的工作作风。

　　再次，刘邦喜欢嘲讽捉弄人。

　　"廷中吏无所不狎侮"，也就是指同事中没有一个不被他戏弄的,不管你招不招惹刘邦,他都会戏弄你一番,这是刘邦的乐趣,也是情绪发泄的出口。刘邦和老丈人(吕公)的第一次会面就是因为他爱说大话,别人吃席一般随礼几百,多的上千。刘邦明明一分钱没有,硬是写随礼一万。吕公一听,以为是哪里的贵客呢,赶快出来迎接。旁边的萧何赶快解释说:刘邦是在说大话,他根本就没有钱。没想到吕公不是看上他的钱,而是看上了刘邦这个人。

> 高祖为亭长,素易诸吏,乃绐为谒曰"贺钱万",实不持一钱。谒入,吕公大惊,起,迎之门。吕公者,好相人,见高祖状貌,因重敬之,引入坐。萧何曰:"刘季固多大言,少成事。"高祖因狎侮诸客,遂坐上坐,无所诎。(《史记·高祖本纪》)

这段话的大意是:刘邦去参加吕公的酒宴,一出场就嘲弄同事,明明没带一分钱,然而随手一写就是一万,引起了吕公的注意。两人一见面,刘邦的相貌竟然把吕公征服。刘邦的谎言被萧何拆穿后依然可以厚颜上座,同时还不忘再嘲笑一番同事。我们参加酒席随礼金,自己的金额比同事的少都觉得不好意思,如果当场被发现甚至都想找个地缝钻进去。再看看刘邦,就知道我们和他的心理差距了!刘邦起义后,招揽天下豪杰,但是很讨厌书生,遇到话不投机的书生,就把人家的帽子拿过

来往里撒尿。"沛公不好儒,诸客冠儒冠来者,沛公辄解其冠,溲溺其中。与人言,常大骂"(《史记·郦生陆贾列传》),这是刘邦身边的贴身侍卫讲的话。

最后,刘邦还贪酒好色。

"好酒及色",刘邦似乎一辈子也没有改正。司马迁还列举了刘邦赊账喝酒的例子,不过为了刘邦的面子又给他打了一个圆场,说每次刘邦一来喝酒,酒家的销量就翻倍,生意就特别好,于是到了年底,酒家都会免了刘邦的欠账。我估计酒家也是无可奈何,他就是想要也要不回来,干脆做个顺水人情。毕竟刘邦也是个亭长,可以介绍些生意过来。至于睡着后刘邦身上出现的龙,真相如何就只有店家老板自己清楚了。

这就是百姓眼中的刘邦:仁爱大度但又不爱干活;乐善好施但又贪酒好色;求真务实但又喜欢捉弄别人。水火兼容,集优点与缺点于一身的矛盾共同体。

二、大臣眼中的刘邦

《史记·淮阴侯列传》记载,韩信认为:"大王之入武关,秋毫无所害,除秦苛法,与秦民约,法三章耳,秦民无不欲得大王王秦者。""汉王授我上将军印,予我上万众,解衣衣我,推食食我,言听计用,故吾得以至此。夫人深亲信我,我倍之不详,虽死不易。"这是韩信第一次和刘邦面对面交谈时对刘邦的评价以及攻打下齐国后对刘邦的评价。在韩信的眼里，刘邦就是一个能干大事、有大爱的人，而且善于发现人才、重用人才。

《史记·陈丞相世家》记载，陈平认为："大王慢而少礼，士廉节者不来，然大王能饶人以爵邑，士之顽钝嗜利无耻者亦多归汉。"说这话的时候，陈平和刘邦已经在一起共事一段时间了，双方是比较熟悉的，而且这个时候，两人正被项羽围困在荥阳之中，所以陈平肯定是实话实说。可见刘邦的确是喜欢骂人，但是也实在大度，该赏赐就赏赐，从不吝啬。

《史记·高祖本纪》中还记载了王陵等开国功臣的关于刘邦的一些言论："陛下慢而侮人，项羽仁而爱人。然陛下使人攻城略地，所降下者因以予之，与天下同利也。"王陵这些老臣是在刘邦当了皇帝后说的这些话，虽有拍马屁之嫌，但是敢于指出刘邦的不足，总体上也算是实话实说。这些一直追随刘邦的老乡，一直认为刘邦的缺点和优点一样突出，缺点就是喜欢骂人，喜欢捉弄人；优点就是豁达大度，善于论功行赏。

三、刘邦眼中的自己

刘邦认为自己："公知其一，未知其二。夫运筹策帷帐之中，决胜千里之外，吾不如子房；镇国家，抚百姓，给馈饷，不绝粮道，吾不如萧何；连百万之军，战必胜，攻必取，吾不如韩信。此三者，皆人杰也，吾能用之，此吾所

以取天下也。"(《史记·高祖本纪》)意思就是:你们说的都对,不过这只是一部分,最重要的是我有自知之明。我知道自己运筹帷幄不如张良,管理国家不如萧何,带兵打仗不如韩信,但是我能用他们,我能给他们充分放权,让他们发挥最大的价值和作用,这才是我能够取得天下的根本原因。

《道德经》说:"知人者智,自知者明。"意思就是能够发现人才的伯乐是聪明的,这里的"智"是聪明的意思,这种人并不多,毕竟"千里马常有,伯乐不常有";而能够认清自己的人是智慧的,这里的"明"是智慧的意思,这种人更是少之又少。人只有认清自己,直视自己的不足,才会真正去发现人才和使用人才。如果一个人总认为自己无所不能,天下第一,那他永远看不到别人的优点,也就无所谓发现人才了。

当刘邦看到秦始皇的那一刻,就似乎模糊地明白了自己的人生目标,但是他很清楚,仅凭他自己是无论如何也达不到这个目标的。所以刘邦注定是要发现人才、聚拢人才的,而他自己一没有财物,二没有势力,那就必须洞察人心、讲述故事、描绘蓝图,同时有了成绩马上奖励,不断激励人心。

大家都说刘邦喜欢骂人,性格不好,讨厌儒生,事实真是这样吗?刘邦从来不骂张良,张良就是一个文弱书生,而且他对张良言听计从,张良说往东,刘邦从来不往西；萧何也是书生，刘邦也从来不骂萧何，甚至完全把身家性命都托付给了萧何。所以刘邦喜欢骂人，但是并不是骂所有人，也不是骂所有的儒生，只是骂那些有名无实而又喜欢危言惑众的人。

刘邦的成功其实就是白手起家的创业典范，完全靠自己坚定的意志，走过一个又一个的坎坷。在这种情况下，可以想象刘邦对人才是多么饥渴，怎么可能随便谩骂过来投靠自己的人呢？

四、刘邦到底是一个什么样的人？

那么，刘邦到底是一个什么样的人呢？我们可以从《史记·高祖本纪》中的三小段文字来分析下。

1. 高祖为亭长，乃以竹皮为冠，令求盗之薛治之，时时冠之。及贵常冠，所谓"刘氏冠"乃是也。

这段话大意是：刘邦做亭长的时候，常常戴竹皮帽子，甚至做了皇帝还喜欢戴这种帽子。说明刘邦不忘本，艰苦朴素，朴实无华。

2. 高祖以亭长为县送徒骊山，徒多道亡。自度比至皆亡之。到丰西泽中，止饮，夜乃解纵所送徒。曰："公等皆去，吾亦从此逝矣！"徒中壮士愿从者十余人。

这段话说明刘邦敢于担当。刘邦当亭长时押送囚

犯去骊山,结果半道逃跑了许多囚犯。这时候秦始皇已经去世,陈胜吴广已经举起起义的大旗,秦朝败象已显。刘邦鉴于秦朝严苛的法律,估计他这趟差事肯定是办砸了,到时候他以及这些囚徒全部要掉脑袋,所以与其大家一起死,还不如放大家一条生路。于是刘邦就让大家各寻出路,没想到还有十几个人愿意追随刘邦,这就是刘邦最早的队伍。虽然此时秦朝的大形势不乐观,但是秦朝还没有倒下,刘邦这么做是冒着极大的风险的,被官府抓到杀头是肯定的。但是刘邦还是这么决定了,你可以理解为自保,也可以理解为对囚徒的仁爱,至少刘邦没有连累和为难那些逃走的囚徒。

3. 秦始皇帝常曰:"东南有天子气",于是因东游以厌之。高祖即自疑,亡匿,隐于芒、砀山泽岩石之间。吕后与人俱求,常得之。

这段话的大意是:秦始皇常常说东南方向有天子气息,也就是说有龙气,可能有人谋反。为了压制这股天子气,秦始皇决定亲自往东巡游。结果刘邦知道了这个消息,怀疑秦始皇就是冲着他来的,于是就藏到了芒山和砀山里面。吕后负责给他送饭,尽管刘邦行踪不定,但是每次吕后都能准确找到刘邦。

我们注意下这个时间节点,首先是秦始皇还在世;其次是刘邦还是秦朝的政府工作人员;最后是陈胜吴广都还没有起义。在这个时间节点刘邦做这件事情,或许说明了几个问题：要么刘邦精神有问题，要么他的雄心大志已经被吕公点燃；或者刘邦和吕后甚至吕家都已经开始做长远的政治布局。同时我们还可以判断，秦始皇时期的国内政治并不是我们想象的铁板一块、固若金汤，民心并没有像文字、货币、度量衡一样完全统一。

从上面我们可以看出，虽说《史记》中有关于刘邦的一些负面记录，但他也不是一个好吃懒做、游手好闲之辈，而是一个胸怀大态、仁爱大度而不拘小节的人。

第二节　彼可取而代也——项羽

"彼可取而代也！"这是项羽第一次见到秦始皇时发出的感叹。当年秦始皇到浙江附近巡游，项羽和叔叔项梁一起去看热闹，当时的项羽才刚二十岁出头，正值血气方刚的年纪。年轻人有理想是好事，但是这个理想未免太大了，当时就把叔叔项梁给吓住了，赶快捂住项羽的嘴，教训到："毋妄言，族矣！"意思是：赶快住嘴，说这话是要被灭族的。为什么项梁会有这么大反应呢？因为项羽的这句话放在古代，甚至是放在一百多年前的中国都是大逆不道的，是典型的造反言论，轻则砍头，重则整个家族的人跟着覆灭。二十多岁的项羽将这句话脱口而出，可以看出项羽本身就有一颗造反的心！

项羽的"彼可取而代也"和刘邦的"大丈夫当如此

也"有什么区别呢?两个人的共同点都是目标远大,甚至有些不切实际。不同的地方是项羽更锋芒毕露,更加直接;刘邦的表达更加委婉,更显得圆滑。项羽更像一座山,刘邦更像一条河,注定了两人行事方式的不同。

一、百姓眼中的项羽

《史记·项羽本纪》记载:

"项籍者,下相人也,字羽。初起时,年二十四。其季父项梁,梁父即楚将项燕,为秦将王翦所戮者也。项氏世世为楚将,封于项,故姓项氏。"

这是司马迁在《史记》中介绍项羽的第一段文字,交代了项羽和项梁的关系以及项羽的贵族身世。项梁是项羽的叔叔,同时也是项羽的伯乐和人生导师。项羽是项燕的孙子,项燕是楚国的大将,项燕被秦国大将王翦所杀。司马迁的介绍真是草蛇灰线,因为项羽在巨鹿之战的主要对手就是王离,王离是王翦的孙子。简单来说就是:王翦杀了项燕,王翦的孙子王离却被项燕的孙子项羽俘虏。司马迁同时也强调了项氏家族世世代代都是楚国的将领,有功于楚国,属于贵族阶层。在出身地位方面,项羽是远远高于刘邦的。

项籍少时,学书不成,去,学剑,又不成。项梁怒之。籍曰:"书足以记名姓而已。剑一人敌，不足学，学万人敌。"于是项梁乃教籍兵法，籍大喜，略知其意，又不肯竟学。项梁尝有栎阳逮，乃请蕲狱掾曹咎书抵栎阳狱掾司马欣，以故事得已。项梁杀人，与籍避仇于吴中。吴中贤士大夫皆出项梁下。每吴中有大徭役及丧，项梁常为主办，阴以兵法部勒宾客及子弟，以是知其能。（《史记·项羽本纪》）

这一段是司马迁对项羽和项梁的描述，具有很强得小说演绎色彩，主要突出了三点：

首先，项羽不爱学习，好高骛远而且凡事浅尝辄止。项羽学习圣贤书的时候，感觉太枯燥，学了一段时间就没有耐心了；然后学习练剑，学了一段时间又没有耐心了，最后就都不想学了。叔叔项梁非常生气，心想这孩子学文不行学武也不行，你到底想学啥？项羽也很有想法，他认为学文只要能识字，会写自己的名字就足够了，学习练剑，武功再强也打不过几个人，他要学习的是能抵挡几万人的本领。项梁一听，感觉也很有道理，于是开始教项羽兵法，这下项羽就非常高兴，学习的积极性也很高。然而学习了一段时间，项羽就认为自己已经都懂了，又不想学了。

其次，这段文字通过三件事情突出了项梁的能力。第一件事：项梁曾触犯过秦朝的法律，被栎阳县逮捕。然而项梁却能通过蕲县的关系进而疏通栎阳县的官场，

最后让自己免受牢狱之灾。简单来说,就是项梁在陕西临潼(栎阳)犯了法,通过安徽宿县(蕲县)的官场运作,从而让自己解脱。这件事情有两个关键人物——曹咎和司马欣,这两人虽然官职不高,都是秦朝狱掾,是掌管司法的县级官员,但是两人仕途都很好。司马欣后来升任章邯四十万大军的秘书长,巨鹿之战之后,项羽封司马欣为塞王。曹咎最后的官位是项羽的大司马,类似于秘书长的角色。第二件事:项梁杀了人,躲到了吴中地区,即今天的苏州地区,没想到项梁很快就在苏州的上层脱颖而出,很多士大夫以结交项梁为荣,可见项梁的长袖善舞。同时也可见项梁的性格暴躁,因为在秦朝,杀人是重罪,刘邦打夏侯婴都被人揪着不放,差点坐牢,足见项梁的胆子不是一般的大。第三件事:吴中的很多大事会找项梁商量而且会让项梁主持,也就是说项梁在吴中不仅知名度很高,地位也很高。项梁这人很有能力也很有想法,在吴中的时候就开始物色人才,由于他精通兵法,在办事情的时候就会用兵法筛选人才。"阴以兵法部勒宾客及子弟,以是知其能"这句话充分说明了项梁具有战略眼光。

最后,强调项羽有一个显赫的家族背景以及有一个非常厉害的伯乐项梁,而且项梁作为前朝的遗老,依然可以在新的政权中游刃有余。这一点是项羽和刘邦在初创业时的根本区别。

项羽另一个最大的特点就是高大威猛,力气过人,"籍长八尺余,力能扛鼎,才气过人,虽吴中子弟皆已惮籍矣"(《史记·项羽本纪》)。换句今天的话来讲,项羽就是妥妥的高富帅:贵族身份、一米八的大个子,还特别能打。

二、大臣眼中的项羽

《史记·淮阴侯列传》记载韩信曾评价项羽:

> 项王喑恶叱咤,千人皆废,然不能任属贤将,此特匹夫之勇耳。项王见人恭敬慈爱,言语呕呕,人有疾病,涕泣分食饮,至使人有功当封爵者,印刓敝,忍不能予,此所谓妇人之仁也。项王虽霸天下而臣诸侯,不居关中而都彭城。有背义帝之约,而以亲爱王,诸侯不平。诸侯之见项王迁逐义帝置江南,亦皆归逐其主而自王善地。项王所过无不残灭者,天下多怨,百姓不亲附,特劫于威彊耳。名虽为霸,实失天下心。

这是韩信第一次和刘邦正式交谈时对项羽的评价,总结起来就四点:匹夫之勇、妇人之仁、不仁不义、残酷嗜杀。总之在韩信的眼里,项羽就是一个一无是处的人。我个人认为韩信这些评价是带有明显的主观情绪的,因为他跟着项羽三年,项羽没有给他升官,他心里肯

定是不舒服的。这点可以从韩信给项羽的最后一封信中看出:"臣事项王,官不过郎中,位不过执戟,言不听,画不用,故倍楚而归汉。"(《史记·淮阴侯列传》)此时的韩信已经跟随刘邦建功立业,是手握几十万精兵的齐王了,心里竟还对当年跟随项羽时的经历耿耿于怀。

《史记·陈丞相世家》中陈平这么评价项羽:

> 项王为人,恭敬爱人,士之廉节好礼者多归之。至于行功爵邑,重之,士亦以此不附。

陈平的评价相对就更加客观,他认为项羽很喜欢礼节,也很会用礼节来招揽人才,但是招揽来的这些人更多是"绣花枕头"。就算有真才实学的人,项羽也舍不得重赏,所以真正有才的人并不是真心跟着项羽的。尽管陈平也是跟过项羽的,甚至还被项羽冤枉,差点被砍了脑袋,但是很明显,他的评价没有像韩信那样气愤。

《史记·高祖本纪》中王陵等人这么评价项羽:

> 项羽妒贤嫉能,有功者害之,贤者疑之,战胜而不予人功,得地而不予人利,此所以失天下也。

王陵这些人的话明显是抬高刘邦贬低项羽,但是基本思想和韩信、陈平差不多。

《史记·郦生陆贾列传》记载郦食其是这么评价项羽的:

> 项王有倍约之名,杀义帝之负;于人之功

无所记,于人之罪无所忘;战胜而不得其赏,拔城而不得其封;非项氏莫得用事;为人刻印,刓而不能授;攻城得赂,积而不能赏:天下畔之,贤才怨之,而莫为之用。故天下之士归于汉王,可坐而策也。

郦食其是刘邦重要的说客,这段话是郦食其代表刘邦去说服齐王倒向刘邦的说辞。由于要说服别人,所以郦食其的话必须基于事实,但是可以在事实的基础上发挥。这段话只有第一句是世人皆知的事实,后面的基本是郦食其的主观发挥,尤其是说项羽给人封官,官印在自己手里不停地把玩,把印的棱角都磨平了还舍不得给,虽然语言很夸张,但是效果很好,生动地将项羽不舍得封功行赏的形象刻画了出来。

三、项羽眼中的自己

> 吾起兵至今八岁矣,身七十余战,所当者破,所击者服,未尝败北,遂霸有天下。然今卒困于此,此天之亡我,非战之罪也。今日固决死,愿为诸君快战,必三胜之,为诸君溃围,斩将,刈旗,令诸君知天亡我,非战之罪也。(《史记·项羽本纪》)

这是项羽被刘邦围困在垓下,数十万大军只剩下28个骑兵的时候,对身边人说的话,也是他对自己最后

的认知。如果作为文学作品来读,这段文字真的是无限的惆怅、无限的失落,让人荡气回肠、感慨万千,觉得世界太不公平了。但如果我们客观来评价,就会发觉项羽真的是可悲,到了这种地步依然认为自己的失败是上天的安排,跟自己一点关系没有。到了现在他依然没有反思自己做过的事情:坑杀20万秦军降卒、杀死投降的秦王子婴、杀死起义军的名义领袖楚怀王以及攻城后诸多的屠城事迹……这些他都认为是天经地义的。为了证明自己正确,他最后带领28个骑兵又向敌军阵地冲杀了3次。真是应了韩信的评价——匹夫之勇。

"知人者智,自知者明",项羽完全没有客观认识自己,尤其是自己的短板,这是他和刘邦最大的也是根本性的不同。他对自己的错误认知最终让他自刎于乌江。

四、项羽到底是个什么样的人?

  富贵不归故乡,如衣绣夜行,谁知之者!

(《史记·项羽本纪》)

当项羽站在权力之巅,说出这句话的时候,其实不仅是政治不成熟,他的心理明显也是不成熟的。毕竟这时的项羽刚刚打完足以名留青史的巨鹿之战,又率领四十万诸侯军队到达咸阳,接受秦朝的投降,这是何等的威风,何等的荣光。而且在此之前,项羽也基本没有败绩,没有受过大挫折,这些富贵荣华、赫赫战绩竟像是上天追着送给他的,这就很容里理解项羽的心情和他讲这句话的合理性了。

但是仅仅五年后,曾经光芒万丈的项羽就跌入了命运的深渊,被刘邦十面埋伏在了乌江岸边,面对自己心爱的女人虞姬发出了时运不济的感慨!按理说,经过五年的捶打项羽应该有所成熟,遗憾的是,从《垓下歌》这首歌中我们感受到的依然是一个未成熟的少年,依然是儿女情长,没有以天下为己任的责任和担当!

天亡我,非用兵之罪也!(《史记·项羽本纪》)

三年时间,率领诸侯灭秦,自己为霸王;五年时间,自己又亡国。项羽到最后都没有反思自己的过失,而是归结为天意——天亡我,非用兵之罪也。

从上面我们可以看出,项羽虽出身高贵,但行事莽撞;虽能征善战,但缺乏战略思维;虽懂礼节,但不懂用人之术。

第三节　夫人天下贵人——吕后

吕后本名吕雉,字娥姁。吕后是刘邦明媒正娶的媳妇,是货真价实的糟糠之妻、患难之妻。刘邦迎娶吕后的时候还是名不见经传的亭长,此时的刘邦虽不是吃了上顿没有下顿,但是经济条件也不富裕,因此吕后还要

经常带着孩子干农活儿。吕后给刘邦生了一儿一女,男孩就是后来的孝惠帝,女儿是后来的鲁元公主。

有一天,吕后正带着两个孩子在田里除草,过来一个讨水喝的老头,吕后不仅给老先生喝水还给了一些食物。老先生非常感激,然后对吕后说:"夫人天下贵人。"吕后认为老先生会看相,然后就把两个孩子也喊过来让老先生看看。老先生一看到吕后的儿子就非常诧异,马上说:"夫人所以贵者,乃此男也。"意思就是:你之所以富贵,正是因为你这个儿子。吕后又让老先生看鲁元公主,老先生认为也是大富大贵之人。随后老先生就离开了。

没多久,刘邦回来了,吕后见到刘邦就把刚才的事情给刘邦讲了一遍。刘邦自从听老丈人说他将来大富大贵后,这都过去几年了,娃都生了两个,现在还是亭长,不要说大富大贵了,连官职都没有升一级,老婆孩子还跟着受苦。估计刘邦也想验证下老丈人的话到底靠不靠谱,所以马上就去追这位老先生。很快刘邦就追上了老先生,老先生说:"乡者夫人、婴儿皆似君,君相贵不可言。"老先生一眼就看出了刘邦的不平凡,和刘邦老丈人的预言一模一样,尤其是"贵不可言"只能意会不可明说。这下刘邦算是吃了定心丸。

这个小故事司马迁记录在《史记·高祖本纪》中,我反而认为放在《吕太后本纪》里面更合适,因为这件事对

22

吕后影响太大了,甚至影响了吕家整个家族的命运,可惜吕后对老先生的话只听了第一句,第二句完全没有听。

一、夫人天下贵人

一句"夫人天下贵人"或许让原本枯燥和略显清贫的生活充满了无限的希望,吕后除了勤俭持家和相夫教子,就是等待上天的垂青。然而命运所有的馈赠都是明码标价的,当刘邦起兵后,吕后等来的是无尽的提心吊胆;等刘邦稍有起色被封汉王,本应该享受的时候,吕后等来的却是为时两年的漫长的俘虏生活。

刘邦被封汉王,实现了阶级跨越,本想着终于可以妻儿团聚,但派出去接家人的部队刚从汉中出来就受到了项羽军队的拦截。这时候项羽和刘邦已经撕破脸,准备大干一场了。首先爆发的就是彭城之战,刘邦率领50多万联军势如破竹地攻破了项羽的老巢彭城,没想到几天后项羽就率领3万铁骑把刘邦的联军打得落花流水。落荒而逃的刘邦还惦记着家里的妻儿老小,领着残部飞奔老家,结果人去楼空,家人早已不知去向。

在这个过程中还有一个小故事,讲刘邦接到亲生儿子和女儿后三番五次把他们踹下车子,就为了自己快点逃命。原文是"见孝惠、鲁元,载之。汉王急,马罢,虏在后,常蹶两儿欲弃之,婴常收,竟载之,徐行面雍树乃驰。

汉王怒,行欲斩婴者十余,卒得脱,而致孝惠、鲁元于丰"(《史记·樊郦滕灌列传》)。这个故事记录在夏侯婴的传记里,描绘得栩栩如生,把刘邦的冷血形象刻画得入木三分,把夏侯婴表现得忠厚老实。但我个人认为这个故事的可信度不高,因为刘邦费了这么大的周折冒着这么大的风险去接家人,结果接到后又踹下去,这不是前后矛盾吗?所以我推断这个故事是为了表扬夏侯婴而杜撰的。

言归正传,吕后和刘邦的父亲一同做了项羽的俘虏,这一做就是两年。有些人会说项羽是贵族,很有仁义道德,不会为难他们的,但真实如何,我们通过两件小事就可以想象他们的俘虏生涯是怎样的。

1. 当此时,彭越数反梁地,绝楚粮食,项王患之。为高俎,置太公其上,告汉王曰:"今不急下,吾烹太公。"汉王曰:"吾与项羽俱北面受命怀王,曰'约为兄弟',吾翁即若翁,必欲烹而翁,则幸分我一杯羹。"项王怒,欲杀之。项伯曰:"天下事未可知,且为天下者不顾家,虽杀之无益,祇益祸耳。"项王从之。(《史记·项羽本纪》)

翻译过来就是:在楚汉战争胶着时,项羽的后勤补给总是被彭越骚扰,心中非常烦躁。这个时候项羽让人支起一口大锅,把刘邦的老爹吊到上面。然后对刘邦喊话:"赶快出来投降,否则我把你老爹煮了。"刘邦一听,干脆耍起流氓道:"我们俩拜过兄弟,我爹就是你爹,你想煮就煮吧,到时候记得给我也留一碗汤。"这下把项羽气得不行,就要立马把刘邦的爹煮了。这时候幸好项伯劝项羽不要激动,不要滥杀,项羽才没有犯浑。

大家想一想,在这种情况下,吕后的待遇会好吗?项羽恨不得把她千刀万剐!

2. 是时,汉兵盛食多,项王兵罢食绝。汉遣陆贾说项王,请太公,项王弗听。汉王复使侯公往说项王,项王乃与汉约,中分天下,割鸿沟以西者为汉,鸿沟而东者为楚。项王许之,即归汉王父母妻子。军皆呼万岁。汉王乃封侯公为平国君。匿弗肯复见。曰:"此天下辩士,所居倾国,故号为平国君。"项王已约,乃引兵解而东归。(《史记·项羽本纪》)

这段的大意是:在楚汉对峙的后期,刘邦派陆贾去找项羽谈判,想让项羽放了老爹和老婆,结果陆贾无功而返。陆贾是何等辩才啊!后期是可以只身前往南越国的使者,仅仅用一张嘴就让手握几十万雄兵的南越王俯首称臣,然而却说服不了项羽,可见项羽对刘邦的恨是何等的深。刘邦不死心,后来又派出侯公,侯公最终说服了项羽,刘邦终于迎回了老爹和老婆。

从这两件事情可以推断,吕后落在项羽的手里绝对

没有好日子过,想要从项羽的手里逃走,也绝对没有那么容易。我们可以想象吕后是怎么度过这两年的,一定是"夫人天下贵"这个信念支撑着她。事实也是:吕后回来后第二年就被封为皇后,正式掌管后宫。

二、夫人所以贵者,乃此男也

那么为什么说吕后没有听"夫人所以天下贵,乃此男也"这第二句话呢?

吕后一共兄妹五人,有两个哥哥,一个姐姐一个妹妹。

大哥叫吕泽,最初就跟随刘邦起兵,一直跟随刘邦进入关中,最后死在战场上,可以说是战功赫赫。吕泽有两个儿子,一个封侯一个封王;文献记录中他至少还有三个孙子,一个封王两个封侯。

二哥叫吕释之,同样也和刘邦起兵,他没有跟随刘邦进入关中,主要是在家乡附近活动,另外就是保护家族成员。吕释之有三个儿子,一个封王,两个封侯。

大姐吕长姁,没有太多记录,但是有一个儿子吕平,同样也是封侯。

小妹吕媭,嫁给了樊哙,生了儿子叫樊伉,还生了一个女儿嫁给了琅玡王刘泽。

另外还有几个堂侄子,吕后也是能封侯的都封侯,明确的就有五个:吕更始、吕他、吕胜、吕忿、吕荣等。

可见吕家因为吕后一人,鸡犬升天,权势滔天。按理说刘氏的江山本身就有吕家的功劳,吕家多封几个侯也是可以理解的。但是吕后把刘家的人差点赶尽杀绝。刘邦死后,留有 8 个年轻力壮的儿子;等吕后死时,刘邦的儿子只剩下了 2 个。

刘肥:大儿子,曹寡妇生,齐王,差点被吕后用毒酒毒死,软禁在长安城,最后献出一个郡才死里逃生。5 年后就死了。

刘盈:孝惠帝,吕后亲生儿子,被吕后用人彘吓得大病一年,随后不能理朝政,在位 7 年就驾崩了,享年才 23 岁。

刘如意:三儿子,戚夫人生,赵王,刘邦死后第二年就被吕后用毒酒毒死。

刘恒:四儿子,薄夫人生,代王,后来的孝文帝。

刘恢:五儿子,梁王,被吕后毒死。

刘友:六儿子,淮阳王,被吕后饿死。

刘长:七儿子,淮南王,从小没了母亲,被吕后养大,逃过一劫。

刘建:八儿子,燕王,莫名其妙地在吕后去世前一年死亡,吕后灭其后代,废其国。

这就是吕后在刘邦去世后给刘家做的"贡献",那么吕后去世后那些大臣们怎么对待吕家呢?

遂遣人分部悉捕诸吕男女,无少长皆斩

之。辛酉,捕斩吕禄,而笞杀吕嬃。使人诛燕王吕通,而废鲁王偃。(《史记·吕后本纪》)

这是吕后去世后,大臣对吕家的政治报复,"无少长皆斩之"意思就是凡是姓吕的,无论男女老少,全部斩杀,当然包括前面所有封侯封王的吕氏成员,甚至有吕家血统的都没有放过,连樊哙和吕嬃的儿子樊伉都被杀了。唯一刀下留情的是鲁元公主的儿子张偃,他是鲁元公主和张敖的儿子,这完全是看在原赵王张敖的面子。

刘邦是整个汉朝的根基,吕后只不过是这个根基上的一个树杈。然而吕后始终没有认清这个基本事实,妄想增加树杈的数量取代根基,没想到最后树杈被无情地砍掉了。没了树杈,大树还是大树,还可以长出新的树杈;但失去根基的树杈将不再生机勃勃,而变成了柴火,很快就消失在历史的火光之中,没有任何痕迹。

吕后把自己定位成皇后是正确的,后来把自己定位成实权在握的皇太后也可以接受,最后大力扶植吕家势力并铲除刘家根基则是大错特错。定位问题是根本问题,原则问题更是有关生死。

这个结果才是"夫人所以天下贵,乃此男也"的真正解读。没有刘邦就没有刘盈的太子之位,更没有吕后的皇后之位。

第四节　夏启以光——汉文帝

陈平和周勃两人在吕后驾崩后迅速把吕氏家族斩草除根，接下来最重要的问题就是：谁当皇帝？刘邦的儿子还有两个，孙子也有一群。大臣经过筛选，发现有三个人都很优秀，分别是：孙子齐王刘襄、七儿子淮南王刘长、四儿子代王刘恒。首先是刘襄，实力最强，在铲除吕氏家族中出力也是最多的，而且他还有两个亲弟弟在朝中做官，在铲除吕氏行动中都立了大功；其次是刘长，由于从小没有亲妈，是吕后养活大的，大臣们对他知根知底；最后是刘恒，一直驻守代国16年，政绩谈不上好也说不上坏。

大臣们又经过激烈的讨论，最后确定让代王刘恒当皇帝。原因就是刘襄太强，不易控制或者交流起来比较困难；刘长性格刚烈，很像他母亲，当初他母亲因为已经怀孕，刘邦没有及时关照，生下刘长后就上吊了。再加上刘长由吕后抚养长大，对吕后也是有感情的，万一哪天想报仇了，他们这帮老臣就完蛋了，事实上刘长后面确实报仇了，杀审食其"为天下除贼，为母亲报仇"。就这样闹，汉文帝都没敢责怪他。可见大臣的选择是深思熟虑的，但是当时这个决定刘恒完全不知道，他根本就没有参与铲除吕氏的行动。

当刘恒收到朝中发出的继位邀请后，心里是完全没有一点准备的，甚至怀疑这是一个圈套？负责管理代王府的张武认为：这必定是个圈套，因为陈平、周勃这帮人本身就是军人出身，多诈谋。原先多么支持吕后，现在吕后驾崩了，马上把吕氏铲除了，这些人的话怎么能信呢？负责代国国都安全的宋昌认为军人是不会轻易立皇帝的，更不会轻易越位的，这事大概率是真的，至少不是别人想象的那样。原因有三个：第一，现在诸侯王的土地犬牙交错，互相制衡，天下稳如磐石；第二，汉朝自成立以来，废除苛捐杂税，人心稳定，人民支持，想变天不具备群众基础；第三，这次平定吕氏时，周勃到军中检验军队的忠心，军人一致支持刘氏家族，大臣想叛乱也不会获得军方的真心支持。所以不要犹豫，赶快赴任。

两方讲的都有道理，刘恒就更犯难了。于是刘恒就去找母亲薄夫人请教，薄夫人也拿不定主意。于是薄夫人就让人占卜，卦辞是"大横庚庚，余为天王，夏启以光"（《史记·孝文本纪》）。我不会解读卦辞，但是刘恒比我懂得多，刘恒看到卦辞，马上说："我本来就是王了，为什么又是王？"我估计他这是对"余为天王"四个字的解读。负责占卜的人赶快解释："天王不是普通的王，是指天子。"刘恒一听，感觉很有道理，于是不再犹豫，马上派自己的舅舅薄昭立刻去长安见周勃。很快，薄昭就回来报告，一切可信。为什么刘恒会对"天王就是天子"的说法比较认可呢？我想可能是后面的"夏启以光"四个字打动了他。夏启就是大禹的儿子启，他开创了伟大的夏朝，所以被称为夏启。同时夏启也是用世袭制取代禅让制的帝王，极具代表性。夏启以光，就是表示一个伟大的时代就要开始了，或者某个人就要开创新时代了。刘恒当然非常希望这个人就是自己，甚至把自己的儿子命名为"启"，汉景帝的名字就叫刘启。

或许从这一刻起，刘恒就决定要做一个不一样的帝王，像夏启一样光辉伟大。刘恒不仅是这样想的，一生也是这样做的。他不仅言行一致，而且高度自律，遇到问题先做自我批评，常常自我反省。所以他的执政理念最后的落脚点就四个字：以德化人。

刘恒做了皇帝后，从代国跟随过来的人都被封了大官，其中张武被封为郎中令，即大内总管；宋昌被封为卫将军，主管所有禁卫军。可见刘恒非常念旧，而且知恩图报。后来张武贪污，还被人告发了，事情捅到刘恒这里，刘恒非但没有治罪，而且还从自己的府库里拿出钱财赏赐张武，让张武感到非常羞愧。

吴王刘濞是刘恒的堂兄，比刘恒大十多岁。刘恒做了皇帝后，刘濞送了一个儿子进宫，算是作为人质。没想到太子刘启和他发生了争执，一气之下把刘濞的儿子打死了。这下吴王刘濞当然不高兴了，于是就装病不亲自朝请，即每年不亲自进宫朝拜，只是派出使者。虽说

刘启把人打死非常不对,也很严重,但是无故不朝请同样也不对,甚至更加严重,基本等同于谋反。面对这种情况,刘恒没有兴师问罪,反而是赐给吴王"几杖"(坐着时的靠背和行走时的手杖),以示对吴王的尊重,主动让他不要每年进宫朝拜了。

南越王赵佗在刘邦时就已经向汉朝称臣了,结果到了汉文帝刘恒时,赵佗竟然自己称帝了。刘恒没有气急败坏,更没有挥师南下,而是把赵佗的祖坟重新修葺一番,把他老家的兄弟都用高官厚禄奉养起来,然后再派使者出使南越。让使者责问赵佗:为什么自己称帝不告知汉朝一下?结果把赵佗吓得赶快重新称臣。

面对汉朝最强大的敌人匈奴,刘恒首先继续延续和亲的策略,面对匈奴的背信弃义,汉朝严防死守边境,不发兵深入草原,生怕劳烦百姓。刘恒深知战争的危害:胜利,百姓苦;失败,百姓更苦。

刘恒对待自己更是苛刻。《史记·孝文本纪》这样描述:

> 孝文帝从代来,即位二十三年,宫室、苑囿、狗马、服御无所增益,有不便,辄弛以利民。尝欲作露台,召匠计之,直百金。上曰:"百金中民十家之产,吾奉先帝宫室,常恐羞之,何以台为!"上常衣绨衣,所幸慎夫人,令衣不得曳地,帏帐不得文绣,以示敦朴,为天下先。

刘恒当了23年的皇帝,皇宫里的建筑、园林等没有增加一处,甚至想修一个亭子,算了又算后还是舍不得。对自己最爱的女人慎夫人,也是严格要求,不让她铺张浪费。你可以说他不懂浪漫不懂得生活,但是他心里确确实实装着老百姓。百姓幸福,或许是他最大的欣慰!

活着不追求享受,死的时候更是一切看淡。刘恒连自己死后的事情都安排得妥妥当当,废除一切烦琐的规矩,一切从简。为了自己死后这些命令能够贯彻到位,刘恒为此亲自写下遗诏。

《史记·孝文本纪》中记载刘恒的遗诏为:

朕闻盖天下万物之萌生,靡不有死。死者天地之理,物之自然者,奚可甚哀!当今之时,世咸嘉生而恶死,厚葬以破业,重服以伤生,吾甚不取。且朕既不德,无以佐百姓。今崩,又使重服久临,以离寒暑之数,哀人之父子,伤长幼之志,损其饮食,绝鬼神之祭祀,以重吾不德也,谓天下何!朕获保宗庙,以眇眇之身托于天下君王之上,二十有余年矣。赖天地之灵,社稷之福,方内安宁,靡有兵革。朕既不敏,常畏过行,以羞先帝之遗德,维年之久长,惧于不终。今乃幸以天年,得复供养于高庙。朕之不明与嘉之,其奚哀悲之有!其令天下吏民,令到出临三日,皆释服。毋禁取妇、嫁女、祠祀、

饮酒、食肉者。自当给丧事服临者,皆无践。经带无过三寸,毋布车及兵器,毋发民男女哭临宫殿。宫殿中当临者,皆以旦夕各十五举声,礼毕罢。非旦夕临时,禁毋得擅哭。已下,服大红十五日,小红十四日,纤七日,释服。佗不在令中者,皆以此令比率从事。布告天下,使明知朕意。霸陵山川因其故,毋有所改。归夫人以下至少使。

令中尉亚夫为车骑将军,属国悍为将屯将军,郎中令武为复土将军,发近县见卒万六千人,发内史卒万五千人,藏郭、穿、复土属将军武。

每每读这篇遗诏,总让人莫名感动。汉文帝是我能从历史中找到的算是非常知行合一的帝王。这篇遗诏主要阐述了几点。

第一:刘恒认为自己德行浅薄,如果有成绩都是上天的功劳,所以拒绝厚葬。

第二:官吏和百姓,接到命令后出门致哀三天,然后都脱去丧服。不要禁止娶妻、嫁女、祭祀、饮酒、吃肉。本来就应当参加丧礼身穿丧服致哀的人,都不要赤脚。丧服的麻带宽度不要超过三寸,不要陈设车驾和兵器,不要发动民间男女来宫中痛哭致哀。

第三:宫中应当致哀的人,都在每天早晚各哭十五声,行礼完毕就停止。不是这些时刻,不准擅自哭泣。下葬之后,应当穿大功服丧九个月的只穿十五天,应当穿小功服丧五个月的只穿十四天,应当穿缌麻服丧三个月的只穿七天,然后脱去丧服。

第四:霸陵周围的山川要保持原样,不要有所改变,不要给自己起坟。

汉文帝一生兢兢业业、勤俭节约、一心为民,担得起"夏启以光"四字。

第五节　继往开来——汉景帝

汉文帝刘恒一生勤俭节约、以德化民;而汉景帝刘启则是勤俭节约、以力服人;后面的汉武帝则是内强皇权、外服四夷。刘启虽说是富家子弟,但是没有选择穷奢极欲的享受生活,他也想在历史上留下浓墨重彩的一笔。刘启继承了父亲勤俭节约的美德,但是他不喜欢父亲的做事方式,他认为帝王应该有威严,不应该事事都忍让,也应该"亮剑"。

到了刘启的时代,汉朝已经休养生息四十来年了,基本没有兵戈之事,所以经济得到了很好的发展,有些诸侯国甚至比朝廷还富有。经济基础决定上层建筑,中央朝廷和地方诸侯的形势也在慢慢发生变化。比如吴王刘濞的野心开始膨胀了,在刘启刚刚继位时就蠢蠢欲

动。面对这种情况,刘启没有像汉文帝一样继续安抚吴王刘濞,而是马上部署军队准备杀鸡儆猴。

吴王刘濞是刘邦二哥的儿子,刘邦的二哥刘仲原来被封为代王,结果被匈奴打跑了,被降为侯。刘邦平定英布叛乱的时候,刘濞跟随刘邦表现得英勇善战。刘邦想把英布的地盘分给刘家人,于是就把刘濞封为吴王。封王完毕后,刘邦突然觉得刘濞的面貌怎么有点奇怪,仔细一看是典型的反相,也就是有反骨。刘邦心里非常后悔,但是圣旨已下不好更改,于是拍着刘濞的肩膀说:"五十年后东南有反乱,莫非就是你?记住,都是一家人,千万不要做这种事!"刘濞听完,立马跪下磕头说:"不敢不敢!"

当时他确实不敢,但是不代表以后就不敢。刘邦死后,陈平周勃这些老将死后,刘濞的内心就开始蠢蠢欲动,到了汉文帝时期就敢不进宫,到了汉景帝时期就敢联合其他诸侯国商议共同对抗朝廷。最重要的是吴国确实富裕了,刘濞通过开山铸造货币、煮海水制盐,经济获得了蓬勃发展。有了钱财,也就相应地吸引了很多人才,有些是真人才,有些是贪利之徒。在这些人的吹捧之下,吴王刘濞早就忘记了当初刘邦的话,他看不惯汉文帝,现在更看不惯汉景帝,更何况汉景帝还杀死过他的儿子。干脆一不做二不休,反了。

再加上汉景帝睚眦必报的性格,所以朝廷直接调集部队和吴楚联军对抗。吴王刘濞联合的六个诸侯国是：楚国、赵国、胶东、胶西、淄川、济南。双方打了三个月就结束了战斗，朝廷大获全胜，吴王被杀。这就是历史上著名的吴楚七国之乱，发生在汉景帝继位的第三年的正月。

经过吴楚之乱，汉景帝才真正体会到皇帝真不好当，尤其是打仗，太劳累了。所以汉景帝执政时期再也没有发生过战争，和匈奴也是继续和亲走和平路线。虽然不打仗了，但这并不意味着汉景帝的性格变化了，更不意味着他就不杀人了。

当刘启还是太子的时候，和吴王刘濞的儿子仅仅是玩个游戏产生矛盾，就把刘濞的儿子给杀了。刘濞的儿子也是吴国的太子，在家里也是娇生惯养，从来都是指挥别人，没有受到过责骂。他和刘启玩游戏，刘启耍赖，吴国太子当然不同意，双方就发生了争执，刘启一怒之下就拿着棋盘往吴国太子头上砸去，结果角度没有控制好，一下子就把吴国太子给打死了。事情发生后，奶奶薄太后对他是严厉责骂，父亲孝文帝也是经常教育，但是似乎并未对刘启行事产生什么影响。

等刘启成年后，奶奶薄太后就给他找了本家的一个女人当正宫夫人，刘启即位后，她就成了皇后。没想到，奶奶刚去世，刘启马上休了这个皇后。当然，废后我们也可以理解为刘启追求真正的爱情，不想感情被政治裹

挟。那么后面的操作,就真的是刘启的本色了。

汉文帝在的时候,有一个特别的男宠——邓通,有一次汉文帝腿上长了一个疮,邓通形影不离,日夜陪伴,而且亲自用口吸这个脓包,汉文帝就看不下去了。然后对邓通说:你说天下谁对我最好?邓通再憨也不能说是自己啊,所以随口就说:当然是太子对您最好了。汉文帝笑了笑没有说话,然后就让人喊太子过来。太子刘启过来后,汉文帝就对他说:你过来帮我吸下脓包。刘启当时就傻了,看了看周边人的反应,都是一本正经,他才确信自己没有听错,这不是开玩笑。于是强忍住不适,象征性地吸了一口,差点吐了。汉文帝就说算了,你回去吧。刘启出了门就问太监,是谁出的主意,太监说没人出主意,是皇帝自己想的,然后又说邓通天天这样吸。刘启一下子明白了,邓通就是罪魁祸首,这个仇算是记下了。汉文帝去世前反复交代:不要为难邓通,他从来没有参与过朝政,就让他平平安安地活着就行。刘启当场答应了,结果随后就派人抄了邓通的家,还治邓通的罪,最后判决邓通欠国家几个亿,邓通连饭都吃不上了,哪里还有能力偿债呢?最后连刘启的姐姐都看不下去,于是偷偷给邓通钱让他有饭吃,结果钱刚给邓通,就被官府没收。于是邓通活活被饿死了。

刘启杀晁错的手段更是令人难以置信。晁错是刘启的家臣,刘启继位后,非常重用晁错,晁错的地位甚至一度高过丞相。而且晁错也是极力支持刘启削藩,甚至晁错都没有犯错,竟然也被刘启杀了。晁错那天都不知道自己要死,还穿着朝衣上朝,后来被人接到东市,说是视察民情,结果到了东市,直接就被砍头了。《史记·吴王濞列传》记载:"上使中尉召错,绐载行东市。错朝衣斩东市。"意思是:汉景帝喊晁错出来,晁错以为是商议国事,穿着官服就出门了,然后被骗到东市,就这样穿着官服直接被斩首了。如果晁错真的犯了法,完全可以交给司法部门处理,但汉景帝什么都没有做,就是直接砍了晁错。

周亚夫死得就更冤了。周亚夫是汉景帝的功臣,尤其是在平定吴楚七国之乱时更是起到了关键作用,他最后的死因让人啼笑皆非,罪名是"欲反地下",也就是说周亚夫准备死后谋反。

刘启这种刻薄寡恩、睚眦必报的性格也造成了他婚姻的不幸。汉景帝有6个妃子都为他生了儿子,一共14个儿子。在刘启继位的第四年,就立大儿子刘荣为太子。刘荣的母亲是栗姬,自从刘启休了奶奶薄太后给他定的薄皇后之后,暂时没有重新立皇后,甚至立了太子也没有立皇后。有一次,汉景帝刘启生病了,他感觉挺严重的,于是就找到栗姬,说道:万一我有个三长两短,你儿子继位,麻烦你不要为难其他的妃子,也不要为难我的其他儿子。都这个时候了,栗姬竟然对刘启出言

不逊，刘启是恨得咬牙切齿。为什么刘启会这样交代后事呢？因为吕后给他们的阴影实在太大了，而且刘启的母亲窦太后也手段强硬。按照吕后的做法，汉景帝的14个儿子最多活3个；按照窦太后的手段，只要不是自己生的全都要死。你说刘启能不担心吗？

然而事情总是出人意料，没过几天，刘启竟然奇迹般康复了。刘启恢复元气之后，继续发挥报仇不过夜的作风，立马废了太子刘荣，贬为临江王，并把栗姬打入冷宫。就这样，刘彻才有了机会。

刘启像他父亲汉文帝一样兢兢业业，勤俭节约；但是也像他母亲窦太后一样睚眦必报，简单粗暴。但是，对于老百姓来讲，他依然是一个好皇帝，因为他不瞎折腾。

本来刘启也是准备大干一番，继往开来，结果刚打开一个局面，就发现太难太累了，于是继续"继往"，不想"开来"了。这个"开来"就是削藩，没想到引发了"吴楚七国之乱"，一番折腾下来，虽然削藩未完成，但这也给儿子刘彻做了个榜样！

第六节　天之骄子——汉武帝

汉武帝可能有足够的理由相信自己是神。最有力的证据就是他曾经彻底打败过祸害中原五百多年（从春秋战国开始）的游牧民族匈奴，这个功绩几乎是一个不可能的神话，让中原王朝不再一味地和亲忍让，为后世树立了一个实实在在的可以参照的范本。从这个时代开始，农耕民族才统一称为"汉"。

所以《史记·孝武本纪》中对汉武帝的描述开篇就是"孝武皇帝初即位，尤敬鬼神之祀"，而且通篇都是描述汉武帝如何寻找神仙。然而遗憾的是，汉武帝费尽九牛二虎之力也没有见到神仙，空耗大量钱财和人力，使原本因为打仗就已经拮据的国库更加空虚。

更可怕的是汉武帝在寻找神仙的道路上孜孜不倦，尽管上了一次又一次的当，但是他依然无比坚信神仙的存在，依然坚信自己可以和神仙见面，坚信自己可以长生不老。

汉武帝最初仅仅是喜欢儒家，因为儒家提倡的君君臣臣和各种各样的规矩对于统治者来讲确实有助于国家稳定。儒家的这一套理论对于创业者来讲是大忌，所以刘邦非常讨厌儒生，吕后以及后来的文帝和景帝，以及窦太后都更喜欢黄老学说，轻徭薄赋，与民休息。但是汉武帝不一样，他不是创业者，汉朝到了他这个时代无论是财富和国力都已经达到了顶峰，完全可以傲视天下了。他不满足于现状，他要突破，要彰显自己。所以汉武帝上台就启用儒生，结果被奶奶窦太后否决了。不过窦太后没几年就去世了，汉武帝又重启自己的儒家班

子,尤其是董仲舒提出的"罢黜百家,独尊儒术"的思想,完全契合了汉武帝的政治需要。

后来随着对匈奴战争的不断胜利,汉武帝开始不满足自己在人间的地位,他要和神仙平起平坐。于是开始从儒家转向寻求方士,被司马迁记录的方士就有4个,一个比一个能蛊惑人心。

第一个方士是李少君,此人是古董鉴定专家,只要看一眼古董,就能大概猜出时代和来历。显然他觉得靠鉴别古董发家远不如装神弄鬼来钱快,于是他就踏上了一条特别的路。有一次他被汉武帝召见,他一眼看出旁边的古铜器不同寻常,于是就说"此器齐桓公十年陈于柏寝"。意思就是这个铜器是齐桓公十年放在柏寝台的。汉武帝拿起一看下面的文字,果真是这样,于是就开始对李少君的话深信不疑。

李少君得到了汉武帝的赏识,开始传授汉武帝长生不老的秘籍。然而,没多久李少君就病死了,真是莫大的讽刺!但是汉武帝坚信他不是病死,是羽化升仙了。

第二个方士是少翁,这个人没有专业技能,连鉴别古董都不会,但是能忽悠,谎言一个接一个,然而谎言多了终归是会露馅的。等他黔驴技穷的时候,就开始出险招了。他自己写了一篇文章,让牛吃下,然后再把牛杀了,得到后称是天书。既然是天书,大臣们就开始研读,结果有细心的人发现天书的字迹和少翁的字迹很像,然后再找专业的人士比对,发现果然是少翁的笔迹。这下麻烦大了,汉武帝直接把他给砍了。

第三个方士是栾大,他和少翁是同门师兄弟,但是他认为自己比少翁的技艺高超。栾大被推荐给汉武帝,声称自己的方术有很多,比如长生不来、丹砂炼金等,不仅如此,他还能杜塞黄河决口,还能和神仙对话。总之上天入地,无所不能,但是要实现这些需要皇帝心诚,心诚就是要给栾大多多的黄金和高高的爵位。栾大说的这些都是汉武帝想要的啊,所以汉武帝必须心诚,于是给了栾大万斤金子,赐了六颗金印,号称五利将军。最后汉武帝还把自己女儿也许配给了这个栾大。

然而,栾大什么都没有办到,没有一项指标达成,汉武帝一气之下把栾大也砍了。

第四个方士是公孙卿,如果说前面的几位是给自己骗点钱,那么公孙卿就是祸国殃民,劳民伤财。公孙卿最大的"贡献"就是蛊惑汉武帝祭祀名山大川,尤其是封禅泰山。据说汉武帝一生封禅泰山就有8次,秦始皇也就1次而已。第一次封禅的时候没有人懂得封禅流程,汉武帝就让儒生们讨论,结果儒生们迟迟拿不出有可行性的方案。最后汉武帝自己找团队做出一个方案,但儒生们又一致反对。汉武帝生气了,认为儒生们拿不出方案,他拿出来了又说不对,于是不再搭理这些人,从此开始疏远儒生。《史记·孝武本纪》描述:"群儒既以不能

辩明封禅事，又牵拘于《诗》《书》古文而不敢骋。上为封祠器示群儒，群儒或曰'不与古同'……尽罢诸儒弗用。"

于是在公孙卿的教唆下，汉武帝封遍五岳四渎，即泰山、华山、衡山、恒山、嵩山以及长江、黄河、淮河、济水。每一次都是兴师动众、劳民伤财，但是汉武帝乐此不疲。一直到死，汉武帝还念叨自己一定能见到神仙，可惜，那么多高人都没有满足他的愿望。

汉武帝通过战争和寻仙这两件大事，成功把汉朝变了天。汉武帝之前所有的皇帝或者掌权者都是信奉黄老的无为思想，也就是不要瞎折腾，尊重客观事实，实事求是。唯独汉武帝不相信事实，寄托于虚无缥缈的神仙。或许他有他的理由，他有自己的价值判断。但是客观事实不容狡辩。

汉武帝开始执政时的国家状况是：

> 至今上即位数岁，汉兴七十余年之间，国家无事，非遇水旱之灾，民则人给家足，都鄙廪庾皆满，而府库余货财。京师之钱累巨万，贯朽而不可校。太仓之粟陈陈相因，充溢露积于外，至腐败不可食。众庶街巷有马，阡陌之间成群，而乘字牝者傧而不得聚会。守闾阎者食粱肉，为吏者长子孙，居官者以为姓号。故人人自爱而重犯法，先行义而后绌耻辱焉。（《史记·平准书》）

翻译过来就是：到了当今皇上即位几年以后，在汉朝创建以来的70多年之间，国家没有战事发生，除非遇到水灾和旱灾，天下百姓家家丰衣足食，国都和边镇的粮仓都堆满了粮食，少府仓库里还有多余的大量货财。京城里积聚的钱币千千万万，以致穿钱的绳子都腐烂了，无法计数。太仓中的粮食年年堆积，粮库已经装满，有的粮食只得露天堆积在外，以致腐烂不能食用。大街小巷的普通百姓家中都养有马匹，田野间牛马成群，以致用母马驾车的人被排斥，不允许参加聚会。看守里门的人都吃细粮和肉食。做官的人安守其位，在其任职期间儿孙都长大成人，有的官吏因为久居其职，就用官名作为自己的姓氏或称号了。因此，人们都非常自爱，惧怕触犯法律，崇尚礼仪，而鄙弃和排斥那些耻辱的勾当。

汉武帝执政晚期的国家状况是：

> 是时山东被河灾，及岁不登数年，人或相食，方一二千里。（《史记·平准书》）

> 其明年，天子始巡郡国。东渡河，河东守不意行至，不辨，自杀。行西逾陇，陇西守以行往卒，天子从官不得食，陇西守自杀。（《史记·平准书》）

> 元封四年中（公元前107年），关东流民二百万口，无名数者四十万，公卿议欲请徙流民于边以适之。（《史记·万石张叔列传》）

这三段话翻译过来就是：这时候（元鼎三年，即公元前114年），崤山以东地区遭受黄河水害，一连好几年都没有收成，饥荒导致出现人吃人的现象，而这种情形在纵横一二千里范围内都有发生。

第二年，天子开始巡视各个郡国。东行渡过黄河，河东郡守没有预料到天子会突然到来，来不及办好接待事务，于是畏罪自杀了。西行越过陇山，陇西太守因为天子来得突然，仓促之间来不及供应天子随从官员的伙食，陇西太守也自杀了。

元封四年（前107年），关东地区有200万流民，没有户籍的人数达到40万，公卿大臣商议此事想请求皇上将这些流民迁到边疆，作为对他们的处罚。

从汉武帝执政前期到执政后期的对比可以看出，先前的钱和粮用都用不完，吃也吃不完，到了后期连接待皇帝的粮食都没有，太守都自杀了两个，甚至老百姓都开始人吃人了，简直就是从人间天堂一下子变成了人间地狱。

综上可以看出，汉武帝让中原王朝站立起来是事实，把国家从民殷国富搞成饿殍遍野也是事实。这两件事情都不是一般人能做到的。

第二章
心有多大舞台就有多大

心善渊，直观的解读就是：内心要善于向深渊学习。渊是指又广又深的水，渊的特点就是深不可测、容纳蛟龙、波澜不惊。一个人就应该学习水的这种特性，让自己变得胸怀宽广、沉着冷静、泰山崩于前而不惊。当你经历过无数的失败，你将不再惧怕失败；当你承受过无数的委屈，你将不会在意别人的看法；当你能接受所有人的时候，你就会天下无敌。

当刘邦屡败屡战的时候，他相信他总有胜利的时候；当项羽从未失败的时候，他便无法接受一次的失败；当吕后忍了前半生的时候，注定会影响她下半生的行为手段；即便汉文帝突然成为九五至尊，他也依然没有忘记初心；当汉景帝依靠大臣平定七国之乱的时候，他注定对功臣是不会放心的；当汉武帝对卫青、李广这些名将用不人疑的时候，他注定是要成就一番伟业的。

第一节　被挫折撑大格局的刘邦

没有谁天生就有大格局，基本都是被现实中的挫折一点点撑大的。刘邦在和项羽的楚汉战争前，其实已经

经历了无数的挫折和失败,早就把自己的心磨炼成了"橡胶心"。"橡胶心"的好处就是遇到阻力会反弹,遇到压力会弯曲,就是不会破碎。楚汉战争之前,刘邦经历过的战争主要分为三个阶段:创业起步阶段、与项羽并肩作战阶段、西征咸阳阶段。三个阶段的时间一共3年,基本上是每个阶段一年,与项羽并肩作战的阶段时间略短一些。

一、创业起步阶段——遭遇第一次背叛

刘邦在还是亭长的时候,受命押送一批犯人到骊山,一路上不断有人逃跑。但按秦朝法令,如果不能按原有的人数按期到达骊山,刘邦与囚徒都要被斩首。于是刘邦私自放了押送的囚徒,算是正式落草为寇,其中有十几个囚徒愿意追随刘邦,这算是刘邦的第一批员工。刘邦经过几个月宣传,队伍竟然发展壮大到几百人"刘季之众已数十百人矣"(《史记·高祖本纪》)。

在秦始皇去世后,秦二世继位的第一年,陈胜吴广就开始起义。萧何、曹参就和沛县的县令策划响应起义,准备联合刘邦的这几百人共同壮大队伍。但没想到沛县县令在关键时刻反悔了,准备杀掉萧何、曹参。这俩人当然不会坐以待毙,于是就和刘邦里应外合杀掉县令,夺取沛县县城。这时候刘邦的队伍就壮大到了将近三千人,而且也获得了粮草补给,一下子就有了军队的

雏形。如果说刘邦先前是落草为寇,那么现在算是正式造反,再也没有回头路了。然而刘邦刚创业不久就遭遇了背叛。

> 秦泗川监平将兵围丰,二日,出与战,破之。命雍齿守丰,引兵之薛。泗川守壮败于薛,走之戚,沛公左司马得泗川守壮,杀之。沛公还军亢父,至方与,未战。陈王使魏人周市略地。周市使人谓雍齿曰:"丰,故梁徙也。今魏地已定者数城。齿今下魏,魏以齿为侯守丰。不下,且屠丰。"雍齿雅不欲属沛公,及魏招之,即反为魏守丰。沛公引兵攻丰,不能取。沛公病,还之沛。沛公怨雍齿与丰子弟叛之,闻东阳宁君、秦嘉立景驹为假王,在留,乃往从之,欲请兵以攻丰。是时秦将章邯从陈,别将司马枿将兵北定楚地,屠相,至砀。东阳宁君、沛公引兵西,与战萧西,不利。还收兵聚留,引兵攻砀,三日乃取砀。因收砀兵,得五六千人。攻下邑,拔之。还军丰。闻项梁在薛,从骑百余往见之。项梁益沛公卒五千人、五大夫将十人。沛公还,引兵攻丰。(《史记·高祖本纪》)

这段话的意思是:刘邦刚把队伍拉起来就遭遇了亲信雍齿的背叛,而且是带着一个城池背叛,最重要的是这个城池还是他自己的出生地丰城。更气愤的是刘邦

愤怒也没有用,因为打也打不过,最后一气之下竟然大病一场。

刘邦养好病之后,开始出去搬救兵,发誓一定要把丰城夺回来,把这口恶气出了。他先找到景驹,联合景驹的部队在砀县打了一仗,刘邦得到了五千人。回来一合计,刘邦感觉还是打不下丰城。然后再去搬救兵,这次找到了项梁,项梁出手很大方,直接派给刘邦五千人马,刘邦回去就把丰城打下来了。

打下丰城后,刘邦虽然对家乡父老很生气,对背叛者雍齿恨得咬牙切齿,但是刘邦并没有报复他们,依然让雍齿带兵,依然免除家乡父老的徭役。

面对背叛,刘邦从气得大病一场,到四处求人帮忙"报仇",最后又放过"仇人",这便是一切以大局为重,不让自己的情绪影响理智,善于容忍。

二、刘邦和项羽并肩作战阶段——靠山山倒

当项梁慷慨给刘邦五千人马的时候,刘邦觉得终于找到靠山了,便决定投靠项梁。项梁就分出一支队伍让刘邦和项羽一起带领,毕竟队伍主力是项梁的,所以安排自己的侄子过来也是可以理解的。于是刘邦和项羽就开始四处扩张地盘,几个月的时间,攻城阳、战濮阳、打定陶,还在雍丘杀死了秦朝丞相李斯的儿子李由。在刘邦和项羽配合越来越顺的时候,传来了不幸的消息,

项梁战死。

> 项梁再破秦军,有骄色。宋义谏,不听。秦益章邯兵,夜衔枚击项梁,大破定陶,项梁死。沛公与项羽方攻陈留,闻项梁死,引兵与吕将军俱东。吕臣军彭城东,项羽军彭城西,沛公军砀。(《史记·高祖本纪》)

得知项梁战死之后,起义军迅速收编部队,把军队撤回到彭城附近。这时候刘邦和项羽也分开了,各领一路人马驻守在不同的地方。项梁战死,虽然最伤心的是项羽,但他也是刘邦的最大靠山,项梁一死,刘邦似乎又回到了原点,所不同的是:此时的刘邦已经明白在这条路上只能靠自己。从此,刘邦不再找人帮忙了,也不再找靠山了,坚定内心,不再将自己目标的实现寄托在他人身上。

三、西征咸阳阶段——自助者天助

项梁战死后,起义军的名义领袖楚怀王决定重新布置战略,军队全部没收,将领重新分配。楚怀王把兵力分为三份:一份由宋义率领去北方解救刚刚成立的赵国;一份由刘邦率领去西边进攻秦朝的首都;最后一份留守起义军的根据地,保护胜利果实。或许是叔叔项梁战死,项羽的权力就被削弱了,他被并到宋义的部下。尽管此时项羽力争要跟着刘邦往西攻打咸阳,但是被起

义军总部拒绝了。

这时候的起义军数量大概有 10 万人,然而拨给刘邦的仅有 1 万人左右,可能还不超过 1 万,因为在刘邦到达陈留县的时候,郦食其大概一看就说还不足 1 万人。宋义率领的部队才是起义军的主力,有 5 万人左右。所以从兵力分配来看,没有人相信刘邦会攻破秦朝的首都咸阳。不知道刘邦自己信不信,反正得到命令后,他快马加鞭硬着头皮就往西赶,恐怕有人抢了头功。因为楚怀王公开宣布,谁先进入关中(潼关),谁就可以在那里称王。这个诱惑太大了,当时关中地区是天下最富饶的地区,不仅是政治中心,还是经济中心和文化中心。不仅有得天独厚的地理优势,还有秦朝几百年积累的财富。这也决定了刘邦的西进战术,遇到秦军能打赢就打,打不赢就跑;遇到城池,能打下就打,打不下就绕过去。总之一句话,不能耽误时间。

在杠里,和秦军相遇,打败秦军;

在昌邑,遇到还是草寇的彭越,和秦军对战,不利;

在栗地,遇到刚武侯,抢夺到了 4 000 人;

在昌邑,再次攻打昌邑,还是没有成功;

在高阳,遇到郦食其,用计谋夺取陈留县,得到大量的粮食和补给,并收编郦商的部队 4 000 人;

在开封,没有攻下;

在白马、曲遇,大战秦将杨熊,胜利;

在颍阳，攻打成功；

在缳辕，在张良帮助下取胜；

在南阳城，准备绕城而走，张良劝说必须攻下，否则腹背受敌。在陈恢的帮助下智取南阳城；

在丹水，高武侯鳃、襄侯王陵归降；

在胡阳，遇到别将梅鋗；

在析城、郦城，均归降；

在武关，用金钱和说客攻破；

在蓝田，与秦军对阵，大破秦军。

到了关中地区，刘邦严格约束部队，不得抢掠百姓，秋毫不犯，百姓拥戴，秦军逐渐失去人心，刘邦乘机攻破咸阳的最后防线，和平占领咸阳。

总体来讲，刘邦打仗是越打越顺，尤其是后面的战役，如有神助，势如破竹。这一路下来，刘邦的部队已经扩张到了10万人马，是名副其实的王了。

同样可以看出，刘邦这三年一直忙于作战，几乎没有停过。哪有成功是靠厚脸皮，靠耍小聪明得来的？前进的每一步都是脚踏实地一步一步走出来的。刘邦如此，每一个想创业的老板也是如此，甚至每一个有价值的人生都是如此。

在成长的路上，除了生死，其他的都是擦伤，根本不值一提。尤其是面子问题，在目标面前完全不值一提。挫折和背叛几乎伴随成长的每一步，经历得越多，内心

也就越坚强,越能经受得住打击。

刘邦正是经受了这么多的打击和背叛,内心才慢慢强大起来,格局也才宽阔起来,这也是为什么刘邦在和项羽的楚汉战争之中能够胜出的关键因素。不是刘邦比项羽能打,而是刘邦每次被项羽打败,他从不气馁,从不抱怨,而是站起来继续打,百折不挠。刘邦坚信,只要自己站起来的次数比倒下的次数多一次,就是胜利。果然,是刘邦坚持到了最后。

第二节　无往不胜也撑不大格局的项羽

如果刘邦是"橡胶心",那么项羽就是典型的"玻璃心"。"玻璃心"的人典型的特点就是看似很坚硬,但是一碰到硬东西便马上破碎,这个碎是灾难性的,是不可挽回的。其实每个人或多或少都有"玻璃心"的成分,只是有些人在被生活摔打的过程中慢慢发生了质变,让自己不那么脆,变得柔软和有弹性。而一直是玻璃心的人,甚至年龄越大玻璃心越强的人,一旦遭遇失败,便是毁灭性的打击。项羽就是这样,所以最后"玉山倾倒再难扶"。

项羽的革命道路除了和刘邦并肩作战阶段外,也可以分为三个阶段:起步阶段、巨鹿之战阶段、楚汉战争阶段。我们通过简单分析这三个阶段,就可以看出项羽的

"玻璃心"养成之路。

一、创业起步阶段——光芒万丈

当陈胜吴广起义的时候,项梁和项羽叔侄两个心里也开始谋划,但是他们的思路和刘邦完全不一样,毕竟项羽是将门之后,身份就决定了他们的处理方式不一样。因此他们看不上乌合之众,更不会进山去打游击,要出手就要正规军,就要向大城市下手。于是项梁把目光锁定在了会稽郡,准备来个斩首行动,擒贼先擒王。

项梁和会稽郡太守关系不错,会稽太守也想跟着谋反,但是他还看不上项梁,认为恒楚这个人更厉害,就想找恒楚担任起义的将领。项梁一看人家看不上他,就想着求人不如求己,靠谁都不如靠自己,干脆杀了太守自己干,而且太守准备的有现成的军队,直接就可以为己所用,这不就是上天的恩赐吗?

于是项梁就和侄子项羽密谋,准备一举杀掉太守。在太守和项梁商量怎么找到恒楚的时候,项梁说:"这个人我不熟,但是我侄子项羽和他非常熟,而且知道恒楚藏在什么地方。不过呢,我侄子很讲义气,连我都不讲。要不我把侄子喊进来,您亲自问下。"太守一听,说:"那太好了,赶快让项羽进来吧。"于是项梁出去就把项羽带了进来,三人对坐,寒暄了一会儿,项梁就给项羽使了眼色,让其动手。项羽力能扛鼎,力大无穷,所以拔出宝

剑,一下就把太守的脑袋砍了下来。这时候旁边的侍卫听到动静赶快冲进来,项羽手起刀落又是一顿厮杀,不一会儿杀死了上百人。项梁一看差不多了,提起太守的头,走到院中开始喊话,希望军中众人不要再做无谓的牺牲,大家的敌人是秦朝军队,应该把力量集中起来推翻暴秦,而不是互相残杀。将士们看到已经杀红了眼的项羽,顿时觉得项梁讲的也不是没有道理,于是就投靠了项梁。项梁一下子就得到精兵8 000人,刘邦辛辛苦苦干了一年才达到这个数目,而且还是乌合之众。

项梁并不满足这8 000人,准备联合更多的人。这时候东阳有一支部队,是陈婴率领的。陈婴原本的角色和萧何差不多,都是在县里当差,负责一些文书工作。不过陈婴在当地很有威望,大家都非常敬重他,所以东阳的起义军起来之后,就想让他做领袖。陈婴非常有自知之明,知道自己可能还扛不起这面大旗。在遇到项梁之后,陈婴二话不说就把部队并到了项梁的部下,理由也很充分,"项氏世世将家,有名于楚。今欲举大事,将非其人,不可。我倚名族,亡秦必亦"(《史记·项羽本纪》)。这是陈婴给将士们的讲话,认为项氏作为楚国世代为将之家,必能灭秦,于是项梁又得到2万人。

随后,项梁又有英布、蒲将军带着军队过来投靠,部队又增加六七万人。

接着起义军内部发生了斗争,另一波起义军秦嘉看不惯项梁，两人就打了一仗，大战几日，秦嘉战死。项梁把秦嘉的部队又收编了过来。估计这个时候项梁的部队应该达到了 10 万人左右。这是刘邦想都不敢想的数字，刘邦整整干了三年才达到这个数字，而这一切，项梁叔侄二人仅仅用了不到一年的时间！

这时候项梁开始考虑要树立一杆大旗了，范增建议树立楚王的后代，于是项梁就立了楚怀王作为起义军的名义领袖。遗憾的是没有多久项梁突然战死，项羽的好日子突然停止了。命运的齿轮在这一刻突然发生了转动。

二、巨鹿之战——巅峰时刻，一览众山小

刘邦投靠项梁后，项梁就让项羽和刘邦合作；项梁死后，刘邦和项羽的合作就结束了。或许是没有刘邦在旁边的唠叨，也没了叔叔的无形束缚，项梁战死后，项羽彻底放飞了自我，终于迎来自己的高光时刻——巨鹿之战。

楚怀王和智囊团的决定是：让刘邦西进攻打咸阳，让项羽北上救赵国。在北上救赵国的军队中，项羽是个副手，是次将。一把手是宋义，一位没有尺寸之功的书生，不过此人也确实有点能耐。还有一位次将是范增。项羽和范增都听命于宋义，整个部队应该在 5 万人左右。

不出意外的话，宋义原来真的可以立个大功，毕竟他手下有两名能文能武的大将。但就是出了意外。这支北上的大军走到半路停下了，这一停就是整整46天，作为副手的项羽想不通了，说好去救人的，停在这里是什么意思？于是就去找宋义理论。宋义便开始给项羽讲课说，他们确实是去救赵国，但是他们的目的又不是救赵国，他们的目的是攻占咸阳。那么现在秦军的主力就在这里，让秦军和赵国先打仗消耗，消耗差不多了，他们再一举打败秦军然后进军咸阳。宋义讲完自己的理论还不忘调戏下项羽："我上阵杀敌虽然不如你，但是运筹帷幄你肯定不如我，所以要好好听话。"项羽从小到大哪里受过这种窝囊气，气得是敢怒不敢言，只好回去。没想到，宋义之后又在军中下令，但凡敢于违抗军令的，斩立决，无论作战多么英勇的人一视同仁。这条命令太有针对性了，项羽顿时起了杀心。

过了几天，宋义派自己的儿子出使齐国，然后大摆宴席送行，天还下着雨，士兵们又冷又饿，他们父子俩推杯换盏。项羽气得咬牙切齿，开始在军中发泄自己的不满："将戮力而攻秦，久留不行。今岁饥民贫，士卒食芋菽，军无见粮，乃饮酒高会，不引兵渡河因赵食，与赵并力攻秦，乃曰'承其敝'。夫以秦之强，攻新造之赵，其势必举赵。赵举而秦强，何敝之承！且国兵新破，王坐不安席，扫境内而专属于将军，国家安危，在此一举。今不恤士卒而徇其私，非社稷之臣。"(《史记·项羽本纪》)虽然项羽不会吵架，但是思路是清晰的，首先摆出事实，列举宋义消极救赵，这个大家都看在眼里；同时指出宋义不体恤士兵，还借机徇私，壮大自己的力量，这一点大家也都看在眼里；接着项羽才开始揪出宋义理论的错误，认为宋义的观点完全站不住脚，根本就不成立，因为赵国相对秦朝是非常弱小的，秦军消灭赵国是毫无悬念的，赵国哪有还手的机会，而且一旦秦军消灭赵国，又会势如破竹地打击其他起义军；最后项羽总结宋义这个人私心太多，根本就不是国之栋梁，对不起楚怀王的信任。

项羽把自己观点传输给军中之后，第二天开早会的时候，直接把宋义的头给砍了下来。上一次得了8 000精兵，这次一下子得到5万人的精锐部队，项羽根本没有客气，直接自封为假上将军，也就是暂时的总指挥，因为最终还需要楚怀王正式任命。或许韩信后面向刘邦讨要假齐王的想法就是从这里得到的灵感，此时韩信是项羽的执戟郎中。

楚怀王当然也只能做个顺水人情，赶快封项羽为上将军，统领所有军队前去救赵国。实际上这里的将领很多是项梁的部下，本来就对项羽有天然的亲近感。

接下来就是项羽的个人秀，首先是破釜沉舟，抱着必死的决心投入战斗；然后看着旁边的诸侯国军队的作壁上观，项羽用5万人"硬刚"秦军20万人，率先俘虏王

离，也就是一代名将王翦的孙子，总算给爷爷项燕报了仇；最后就是秦朝大将章邯投降，顺利结束战斗。这就是巨鹿之战，项羽一战成名，一览众山小，最初作壁上观的诸侯国的将领们只敢在他面前匍匐前进，无人敢直视项羽。

三、楚汉战争——心碎一地

从以往的经历可以看出，项羽基本没有失败过，与刘邦并肩作战的那几个月可能是他战绩中最差的记录。包括在楚汉战争的初期和中期，项羽都一直占着上风。那为什么项羽最后一败涂地，没有东山再起呢？

当项羽听到四面楚歌的时候，以为大势已去，更兼之虞姬的死亡，顿时心碎一地，彻底失去了反抗的勇气，再也没有雄霸天下的气概。可见项羽当时是多么的心灰意冷。

项羽对自己的评价是："吾自起兵至今八岁矣，身七十余战，所当者破，所击者服，未尝败北，遂霸有天下。然今卒困于此，此天亡我也，非战之罪也。"(《史记·项羽本纪》)可见项羽也承认他在军事上基本没有战败过，所以一旦遇到挫折容易接受不了，再加上项羽性格又孤高，更容易走极端。

来到乌江河畔的项羽，此时把剑放在了自己的脖子上，这把宝剑曾砍过会稽太守的头，砍过宋义的头，现在竟然要砍自己的头,真是莫大的讽刺。

其实项羽不是没有机会逃走的,因为虞姬死之后,项羽身边还有八百骑兵,凭借项羽的战斗力是可以杀出重围,东山再起的。只是当时项羽已经万念俱灰,心中没有了目标,行动也没有了目的,于是来回奔跑,终于把仅有的骑兵也消耗殆尽。剩下最后 28 个人的时候,江边还有一条小船,项羽依然可以渡江而去,但是这次他没有上船。

有时候人的崩溃,可能是一首歌,可能是一句话,尤其是这个人前半生顺风顺水没有经历过挫折。像刘邦这种天天被打,屡战屡败又屡败屡战的人,这点风雨算得了什么呢?如果自己不放弃自己,那么这个世上就没有人可以真正击败你。与其说是项羽被刘邦打败了,不如说是项羽自己放弃了自己。

第三节 能屈能伸的吕后

从吕后称制时的所作所为便可以看出她的手狠心硬。你不招惹她,她可以和你和平共处;当你碰触到她的利益,她肯定要报复你;当你动了她的根基,要你的命是必须的,而且手段极其狠辣。

一、与薄夫人和平共处

薄夫人是汉文帝刘恒的母亲,只是偶尔被刘邦临幸

了一次,然后就怀孕生下了刘恒。可能之后刘邦再也没有找过薄夫人,薄夫人也很识趣,就清心寡欲养育自己的儿子。刘邦晚年才想起这个儿子没有分封,于是就给刘恒封了一个不仅偏远而且战乱频发的代地,刘恒就小心翼翼地去做了代王。所以刘邦驾崩之后,吕后并没有为难薄夫人,继续让这母子俩默默守着边疆,或许正是因为薄夫人从来不在后宫争宠,而且分的地盘也是最差的。

二、对曹夫人心生嫉妒

曹夫人在宫中也不争宠,但是刘邦给她的赏赐太多了,吕后依然嫉妒,甚至眼红。按理说吕后和曹夫人关系应该是不错的,吕后没嫁给刘邦前,曹夫人就给刘邦生了一个儿子,就是刘邦的大儿子刘肥。刘邦和吕后结婚后,两家相处也是和睦的,吕后也没有闹,曹夫人也心平气和。刘邦做皇帝之后,给刘肥的封地最多,整个齐国都是刘肥的,多达70个城池。这是什么概念呢?这相当于刘肥分了将近1/5的家产。吕后能不心疼吗?心中能不嫉妒吗?

"高祖六年,立肥为齐王,诸民能齐语者皆予齐王"(《史记·齐悼惠王世家第二十二》),从司马迁的笔下可以看出,刘邦对刘肥是相当厚爱的。刘邦这么爱刘肥,而且刘肥还是长子,那为什么不把刘肥立为太子呢?原因主要有两个：一是刘邦和曹夫人不是真正的夫妻，刘肥的出身不正；二是当时曹家虽然有一定的势力，但是还远远比不过吕家。

而且曹夫人也很务实，选择跟着儿子去做齐太后，远离了刘邦也远离了吕后。或许曹夫人也清楚吕后的为人，离得远点更安全，最后的事实也确实如此。

吕后肯定不会吃这么大一个亏的，在刘邦活着的时候她不敢表现出来，刘邦驾崩后她立马就找刘肥算账了。

> 二年，楚元王、齐悼惠王皆来朝。十月，孝惠与齐王燕饮太后前，孝惠以为齐王兄，置上坐，如家人之礼。太后怒，乃令酌两卮酖，置前，令齐王起为寿。齐王起，孝惠亦起，取卮欲俱为寿。太后乃恐，自起泛孝惠卮。齐王怪之，因不敢饮，详醉去。问，知其酖，齐王恐，自以为不得脱长安，忧。齐内史士说王曰："太后独有孝惠与鲁元公主。今王有七十余城，而公主乃食数城。王诚以一郡上太后，为公主汤沐邑，太后必喜，王必无忧。"于是齐王乃上城阳之郡，尊公主为王太后。吕后喜，许之。乃置酒齐邸，乐饮，罢，归齐王。（《史记·吕太后本纪》）

这段话翻译过来大概意思是：在刘邦驾崩后的第二

年,齐王刘肥来长安城朝拜,孝惠帝请他吃家宴,当然吕后也在场。这时候呢,孝惠帝觉得是在家中,于是把刘肥当大哥看待,不按君臣之礼,让刘肥上座。没想到,吕后本来就对刘肥的封地耿耿于怀,于是趁机发难,准备了两杯毒酒给刘肥。孝惠帝和刘肥就一人端一杯准备敬献吕后,吕后一看自己的亲儿子怎么拿的也是毒酒,情急之下一把打翻了孝惠帝的那杯毒酒,刘肥一看吕后的这操作马上明白了酒可能有问题,于是连忙谎称自己喝醉了,赶快告辞。事后,刘肥一打听,果然那杯酒有毒,然后日夜提心吊胆,想赶快回齐国,但是吕后就是不同意。只有一个侍从看出了问题的本质,于是给刘肥提出建议,让他破财消灾,献出一个郡给吕后的亲生女儿鲁元公主,因为鲁元公主的封地只有几个城池。刘肥权衡利弊后,最终献出了一个郡给鲁元公主,这下吕后非常高兴,不仅批准了刘肥回去,还亲自到刘肥的官邸设宴送行。

从吕后对待薄夫人和曹夫人这两件事情上来看,吕后还能让人理解。但是吕后对待戚夫人,可称得上是丧心病狂。

三、与戚夫人不共戴天

戚夫人是刘邦盛宠的夫人。

戚夫人满足了刘邦年轻时对美女的渴望,也让刘邦能在紧张的战斗中得到短暂的放松,刘邦对戚夫人宠爱得轰轰烈烈。然而不是所有人都能坚守自己的定位,尤其是戚夫人,甚至刘邦。当戚夫人给刘邦生了儿子刘如意之后,戚夫人已经不再满足于做个宠妃,而是瞄上了至高无上的皇权。刘邦也被枕边风吹得改变了主意,越来越喜欢戚夫人的这个儿子,越来越觉得刘如意更像自己,更加自信,更有王者风范。

如果仅仅是戚夫人动了这个心,事情还可以控制,但是偏偏刘邦也动了这个心,也想把太子换掉,让刘如意来继承皇位,这下麻烦就大了,事情超出了两人的控制。刘邦有多固执地想要换太子最后就有多失落,我们看看司马迁是怎么描述的,下面两段选自《史记·留侯世家》：

> 汉十二年,上从击破布军归,疾益甚,愈欲易太子。留侯谏,不听,因疾不视事。叔孙太傅称说引古今,以死争太子。上详许之,犹欲易之。及燕,置酒,太子侍。四人从太子,年皆八十有余,须眉皓白,衣冠甚伟。上怪之,问曰："彼何为者?"四人前对,各言名姓,曰东园公,角里先生,绮里季,夏黄公。上乃大惊,曰："吾求公数岁,公辟逃我,今公何自从吾儿游乎?"四人皆曰："陛下轻士善骂,臣等义不受辱,故恐而亡匿。窃闻太子为人仁孝,恭敬爱

士,天下莫不延颈欲为太子死者,故臣等来耳。"上曰:"烦公幸卒调护太子。"

四人为寿已毕,趋去。上目送之,召戚夫人指示四人者曰:"我欲易之,彼四人辅之,羽翼已成,难动矣。吕后真而主矣。"戚夫人泣,上曰:"为我楚舞,吾为若楚歌。"歌曰:"鸿鹄高飞,一举千里。羽翮已就,横绝四海。横绝四海,当可奈何!虽有矰缴,尚安所施!"歌数阕,戚夫人嘘唏流涕,上起去,罢酒。

这两段主要表达了三个意思:

一是刘邦晚年,其实也是生命的最后一年了,谁劝都不行,非要换太子。连张良来讲都不行,太子的老师叔孙通旁征博引以死谏言,刘邦也只是假装答应,但还是坚持要换掉太子。

二是张良设计让太子拜商山四皓为师,然后故意让商山四皓接近刘邦,让刘邦明白一个事实——你请不动的人我能请动。从而证明太子的根基已经很稳了,打消刘邦换太子的念头。

三是刘邦果然上当,彻底打消了换太子的念头,然后和戚夫人悲凉地唱歌跳舞。戚夫人梦想成为皇太后的野心彻底破灭。

每当我读到这段文字就有一个疑问:刘邦是真的要换太子吗?真心想立刘如意为太子吗?没有军队效忠

刘如意或者刘如意没有牢固的、强大的军方背景，怎么可能成为皇帝？这一点刘邦应该比任何人都清楚，怎么会犯这么低级的错误呢？

虽然刘邦打消了换太子的决定，但是刘邦和戚夫人的这个想法和行为都彻底激怒了吕后。吕后当然不敢对刘邦怎么样，但是吕后敢对戚夫人下手。更何况刘氏江山也有吕家的不少"股份"，吕后还为此做了两年的俘虏。

刘邦驾崩后，吕后彻底爆发了，所有的怒气都撒在了戚夫人的身上，司马迁是这样描述的：

> 吕后最怨戚夫人及其子赵王，乃令永巷囚戚夫人，而召赵王。使者三反，赵相建平侯周昌谓使者曰："高帝属臣赵王，赵王年少。窃闻太后怨戚夫人，欲召赵王并诛之，臣不敢遣王。王且亦病，不能奉诏。"吕后大怒，乃使人召赵相。赵相徵至长安，乃使人复召赵王。王来，未到。孝惠帝慈仁，知太后怒，自迎赵王霸上，与入宫，自挟与赵王起居饮食。太后欲杀之，不得间。孝惠元年十二月，帝晨出射。赵王少，不能蚤起。太后闻其独居，使人持酖饮之。犁明，孝惠还，赵王已死。于是乃徙淮阳王友为赵王。夏，诏赐郦侯父追谥为令武侯。太后遂断戚夫人手足，去眼，煇耳，饮瘖药，使居厕

中,命曰"人彘"。居数日,乃召孝惠帝观人彘。孝惠见,问,乃知其戚夫人,乃大哭,因病,岁余不能起。使人请太后曰:"此非人所为。臣为太后子,终不能治天下。"孝惠以此日饮为淫乐,不听政,故有病也。(《史记·吕太后本纪》)

这段文字太过血腥,简单的意思就是:吕后迅速用酒毒死了戚夫人的儿子刘如意,然后把戚夫人砍手、砍脚、挖眼做成了"人彘",丢在了厕所里。

至此,戚夫人跌进了生不如死的人间地狱,这到底是谁的错呢?

不可否认,这件事可看出吕后心胸狭窄,手段残忍。当然我们永远无法站在她当时的角度去思考问题,所以也不能简单地评论。尽管吕后如此丧心病狂,但是她并没有失去理智,依然管理着国家。有一次,刘肥的儿子当着吕后的面暗讽她,甚至在吕后的面前杀了一个吕家的人,吕后为了朝局稳定,没有追究这件事。

第四节　可以共富贵的汉文帝

"患难易共,富贵难同"是指人和人之间在困难时期更容易团结,然而在富裕时期却很难相处。所以历史上有很多功臣被杀,很多糟糠之妻被抛弃,其实也是这个道理。富贵的时候不忘记曾经帮助过自己的人，发达的时候不抛弃自己的婚姻伴侣，这不仅仅是道德，更是一个人的格局！这两点汉文帝都做到了。

汉文帝最大的恩人应该就是周勃了，没有周勃的鼎力支持，汉文帝可能也坐不上皇位或者做不稳皇帝。汉文帝对周勃也十分感恩，不仅任命他为右丞相，最重要的是还让他寿终正寝。

铲除吕氏家族后，周勃作为太尉，不仅掌管全国兵马，而且也接管了南北军（戍卫京城的部队），是绝对的实权派人物。经过大臣们的讨论，一致认为让代王刘恒来做皇帝，周勃和陈平才向刘恒发出了过来当皇帝的邀请，周勃代表军方，陈平是丞相，代表政府。刘恒收到信时当然不相信了，但是这个诱惑又这么大，于是派出自己的舅舅薄昭先去长安打探虚实。薄昭到了长安主要见了周勃，经过深入交谈，双方可能达成了某些共识，薄昭才回去报告。或许就是这个时候薄昭和周勃建立了"深厚"的友谊，最后薄昭才救了周勃一条命。

得到舅舅的消息后，刘恒带着十几个人就往长安跑，到了长安城的郊区渭桥，周勃和陈平等一帮大臣已经在那儿迎接了。刘恒赶快下车和大家打招呼，这时候周勃捧着皇帝玉玺对刘恒讲："愿请间言。"周勃想把刘恒拉到旁边讲悄悄话，这时候刘恒的跟班宋昌看出问题了，立马制止："所言公，公言之；所言私，王者不受私"。

意思是周勃你有什么话当面讲就是了,不用偷偷摸摸讲。周勃直接讨了无趣,支支吾吾了半天啥也没讲,然后只好把皇帝玉玺呈给刘恒。刘恒也没废话,接过玉玺直接说进城再讲吧,于是当天晚上就入住皇宫。

问题来了,周勃要和刘恒悄悄讲啥呢?我想肯定不是要封官加爵,主要应该是想确认下他和薄昭商量的事情,刘恒是不是都答应了。周勃想一想也应该知道刘恒肯定答应了,否则刘恒也不敢只带着十几个人就跑过来当皇帝。

刘恒做了皇帝后,让周勃做了右丞相(第一丞相),让陈平做左丞相,这也算政治回报。那么刘恒有没有杀周勃的心呢?如果没有,周勃晚年的事情怎么解释呢?如果有,为什么又没杀呢?

周勃的丞相之位满打满算都没有当够两年,而且还是分了两次当的,然后就回自己的封地养老了。接下来就发生了非常离奇的事情。

> 岁余,每河东守尉行县至绛,绛侯勃自畏恐诛,常被甲,令家人持兵以见之。其后人有上书告勃欲反,下廷尉。廷尉下其事长安,逮捕勃治之。勃恐,不知置辞。吏稍侵辱之。勃以千金与狱吏,狱吏乃书牍背示之,曰"以公主为证"。公主者,孝文帝女也,勃太子胜之尚之,故狱吏教引为证。勃之益封受赐,尽以予

薄昭。及系急,薄昭为言薄太后,太后亦以为无反事。文帝朝,太后以冒絮提文帝,曰:"绛侯绾皇帝玺,将兵于北军,不以此时反,今居一小县,顾欲反邪!"文帝既见绛侯狱辞,乃谢曰:"吏方验而出之。"于是使使持节赦绛侯,复爵邑。绛侯既出,曰:"吾尝将百万军,然安知狱吏之贵乎!"(《史记·绛侯周勃世家》)

这段话有几个意思:

一是周勃到封地不到一年的时间,就被人告发谋反,原因竟然是在家里常常穿打仗用的铠甲。既然是谋反,而且还是曾经的太尉,那这不是小事,所以朝廷立马把周勃抓捕到长安,准备审判。

二是周勃在监狱里也没有得到特殊的照顾,反而常常被狱吏欺负,无奈之下,周勃只能送钱,这样条件才稍微好点。甚至狱吏还给他出主意,让他的大儿媳妇也就是当今的公主给他作证没有谋反。

三是周勃还有一个大招,就是送礼,只要能保住性命,就大胆送。这时候他想到了刘恒的舅舅薄昭,周勃把皇帝赏赐给他的钱财全部送给了薄昭。薄昭收钱办事,迅速找到自己的姐姐薄太后。薄太后出面,刘恒作为大孝子,不得不听老妈的话。于是周勃捡回了一条老命。

周勃出狱后还不忘感慨一下:我曾率领百万大军,

竟然不知道狱吏这么厉害,这么有用,真是虎落平阳被犬欺。

刘恒难道不知道周勃是被诬陷的吗?为什么还要把周勃折腾一番呢?刘恒当然知道周勃不会谋反,他就是要折腾一下周勃。从几件事情可以看出端倪。

第一件事情:

> 绛侯为丞相,朝罢趋出,意得甚。上礼之恭,常自送之。袁盎进曰:"陛下以丞相何如人?"上曰:"社稷臣。"盎曰:"绛侯所谓功臣,非社稷臣。社稷臣主在与在,主亡与亡。方吕后时,诸吕用事,擅相王,刘氏不绝如带。是时绛侯为太尉,主兵柄,弗能正。吕后崩,大臣相与共畔诸吕,太尉主兵,适会其成功,所谓功臣,非社稷臣。丞相如有骄主色,陛下谦让,臣主失礼,窃为陛下不取也。"后朝,上益庄,丞相益畏。(《史记·袁盎晁错列传》)

先不讨论袁盎关于社稷臣和功臣的理论是否正确,单从这件事情就可以看出刘恒刚登基时,对周勃是恭敬有加的,每天下班都要亲自把周勃送到门口。周勃显然没有意识到这样有些不妥,反而还很享受。于是袁盎就看不惯了,向汉文帝指出了周勃的问题所在,说周勃是功臣,不是社稷臣,不需要这么恭敬。汉文帝立马清醒,于是开始庄肃,而周勃也越来越敬畏汉文帝。从人性的角度来讲,汉文帝内心肯定是喜欢大臣们对他敬畏的,而不是他对大臣恭敬。但是袁盎说的也不全对,如果周勃去做袁盎所定义的社稷臣,估计就没有今天的汉文帝了,因为王陵当初就是反对吕后,直接就被吕后撤下丞相之职。一个人没有了平台,什么事情都做不了,周勃能走到今天,也在于他的忍辱负重、审时度势。

尽管袁盎阴了一把周勃,但是在周勃下狱的时候,没人敢上书为周勃求情,只有袁盎上书说周勃无罪。

不过从这件事情可以看出,周勃在汉文帝的心里曾有过减分。

第二件事:

> 居顷之,孝文皇帝既益明习国家事,朝而问右丞相勃曰:"天下一岁决狱几何?"勃谢曰:"不知。"问:"天下一岁钱谷出入几何?"勃又谢不知,汗出沾背,愧不能对。于是上亦问左丞相平。平曰:"有主者。"上曰:"主者谓谁?"平曰:"陛下即问决狱,责廷尉;问钱谷,责治粟内史。"上曰:"苟各有主者,而君所主者何事也?"平谢曰:"主臣!陛下不知其驽下,使待罪宰相。宰相者,上佐天子理阴阳,顺四时,下育万物之宜,外镇抚四夷诸侯,内亲附百姓,使卿大夫各得任其职焉。"孝文帝乃称善。右丞相大惭,出而让陈平曰:"君独不素教我对!"陈平笑

曰:"君居其位,不知其任邪?且陛下即问长安中盗贼数,君欲强对邪?"于是绛侯自知其能不如平远矣。居顷之,绛侯谢病请免相,陈平专为一丞相。(《史记·陈丞相世家》)

这个故事就很有意思了,估计这也是周勃当丞相工作时的常态。汉文帝登基没有多久,心血来潮,想了解下民生,就问右丞相周勃:"国家一年的案件有多少?"周勃老老实实回答:"不知道。"汉文帝又问:"国家一年的钱粮收支怎么样?"周勃还是不知道,浑身就开始出汗了。然后汉文帝又问左丞相陈平,陈平是个滑头,这怎么能难倒他呢!陈平直接回答:"想了解案件就找廷尉,想了解钱粮就找治粟内史。"汉文帝就说:"既然各司其职,你们有什么用?"陈平就答:"对上辅佐您顺天时地利,对下抚育万物自然成长;对外加强边疆,对内安抚百姓,同时让百官各司其职。"汉文帝一听,似乎也有道理,也就不再追问了。等下朝后,周勃就拦住陈平讲:"这些你怎么不教教我呢?"陈平说:"在什么位置上要清楚地知道这个位置的职责。作为丞相,如果皇帝问你长安城有多少盗贼,你也要回答吗?"自此,周勃就知道自己不如陈平,于是辞职回家养老了,然后陈平就一个人把左右丞相一肩挑。

从这件事可以看出两个问题:一是周勃的能力确实不适合做丞相,人太老实;二是汉文帝其实对他们的工作并非就真的很认可。试想一下，如果刘邦问萧何，萧何敢这样回答问题吗？萧何会这样回答吗？肯定不敢，也不会这样回答。但是陈平就敢，原因不就是仗着对汉文帝有恩吗？不就是觉得汉文帝的位置还不稳吗？

结果陈平做丞相不到一年就去世了，这时候汉文帝又找到周勃，让他重新做丞相。原本汉文帝只是想试探一下周勃，但让汉文帝万万没有想到的是，周勃竟然同意了，二次出山当丞相。这一次，周勃干了十个月，眼看干得越来越起劲儿，但周勃的能力实在是有目共睹，不适合当丞相，汉文帝也实在看不下去了。于是就找周勃商量，让周勃先回封地养老，给各个诸侯也做个榜样。周勃再憨也知道啥意思，于是才把丞相印还了回去。

周勃回到封地，不到一年就发生了之前所说的谋反的事情。我认为这与其说是汉文帝怀疑他谋反，不如说是汉文帝想借机敲打周勃。想告诉周勃，朝廷离了他照常运转，下次再给你丞相千万别再接了，就在家里好好养老吧。在汉朝的开国功臣中，周勃应该是最幸福的人了，很多人没有休息过一天，像陈平在丞相位置上活活累死，而周勃是真的享了几年清福，在家里差不多过了8年才去世。

汉文帝对待的他恩人周勃应该说是非常仁慈的了，在历代的帝王中是相当少见的。这就是汉文帝的格局，可以共患难，当然也可以共富贵。

第五节　逼杀周亚夫的汉景帝

在汉景帝最艰难、最无助的时候，突然想到了父亲汉文帝临终前的遗言："即有缓急，周亚夫真可任将兵。"意思就是：一旦朝廷发生重大危机，周亚夫可以真正担当领兵的大任。

汉景帝继位的第二年，吴楚七国就已经虎视眈眈要搞动作了，终于在第三年初正式起兵谋反。此时朝廷乱成了一锅粥，加上汉景帝经验不足，更是手忙脚乱，也就是在这个时候，汉景帝才想到了周亚夫。

于是汉景帝任命周亚夫为太尉，这也是他父亲周勃曾经的职务，可以调动全国军队全力对抗吴楚联军。周亚夫的应对战略是：由于吴楚七国联军准备充分，且骁勇善战，首先要避其锋芒，代价就是可能要牺牲梁国；同时再派出重兵切断吴楚联军的粮道，这样双管齐下，就可以获胜。

这个作战战略汉景帝完全同意，并告知各个将领，大家按照这个战略进行部署，尤其是梁国要做好充分的思想准备。道理大家都懂，战略一讲大家也都清楚，然而实践和理论完全不是一回事。伟人之所以是伟人，就是因为他们真的能够做到知行合一、言行一致，但是绝大多数人是做不到的。比如梁国的国王梁孝王，也就是汉景帝的亲弟弟，他也认可这个战略，为了朝廷的利益牺牲自己的利益也是应该的。但是战争一旦开打，看到士兵一排一排倒下，尸体成山一样堆积，梁孝王率先扛不住了，立马给太尉周亚夫发出求救信，让他赶快发兵过来帮忙。周亚夫让他坚守阵地，但就是一兵一卒都不派。梁孝王已经急得恨不得一天一封求救信，但是周亚夫就是不出兵。实在没有办法了，眼看就要被吴楚联军破城了，梁孝王不得不亲自写信给亲哥哥汉景帝，让他命令周亚夫发兵救救自己。汉景帝看到求救信，也知道梁孝王已经坚持了很久，也知道战事异常激烈，再打下去梁孝王估计真坚持不下去了，于是给周亚夫写信让他多少派些兵力帮助下梁孝王。没想到，周亚夫完全无视汉景帝的命令，坚持按照先前的战略推进。

战略是战前大家都同意的，甚至同意牺牲掉梁国的，但现在梁国的城池都还没有破，就要改变战略，这仗还怎么打！基于这个坚定的信念，周亚夫谁的命令都不理，每天就在军营睡大觉，任何人都不得离开军营，甚至面对吴楚军队的挑衅也是丝毫不理。

估计梁孝王把周亚夫千刀万剐的心都有了，但是无奈兵权在周亚夫的手上，任何人都调不动。最后梁孝王也彻底死心了，横竖是个死，那就和吴楚联军一起死扛，看谁能坚持得久。果然，梁孝王没有让周亚夫失望，也没有让汉景帝失望，硬是顶住了吴楚联军一次又一次的

冲击。一个月过去了，两个月过去了，吴楚军队的粮道已经被周亚夫截断，没有了粮食供应，梁国又久攻不下，旁边还有一直养精蓄锐的周亚夫的主力军，这仗还有胜利的把握吗？

困兽犹斗，更何况造反本身就是没有回头路的，所以吴楚联军开始主动挑衅周亚夫的军队。夜晚，吴楚联军突然袭击周亚夫军营的东南角，周亚夫果断派出精锐部队去布防西北角，果然是声东击西，吴楚联军的主力突然出现在西北角。于是双方大开杀戒，已经作战了两个月的吴楚联军，锐气早已被磨灭，而且缺衣少食；反观周亚夫的军队，天天吃好喝好睡好，早已经磨刀霍霍了。所以双方的战争几乎没有悬念，周亚夫势如破竹地彻底打垮了吴楚联军，而且穷追不舍，砍掉了吴王刘濞的头颅。至此，也就三个月，吴楚叛乱彻底平定。

平定吴楚之乱，周亚夫表现出了超常的冷静和坚定，不愧是将门之后。然而他也彻底得罪了梁孝王。

周亚夫的军事天赋很早就展露了出来。在汉文帝时期，有一年匈奴大举来犯，汉文帝也不含糊，直接组织军队进行应战。汉文帝分了三路大军戍卫长安城：一路是刘礼为将军驻军灞上；一路是徐厉为将军驻军棘门；一路是周亚夫为将军驻军细柳。有一天，汉文帝亲自劳军，带着人马到了灞上和棘门两个地方，将领们都是下马来迎接。然而当要去细柳营的时候，汉文帝派出的先前人员直接被拦了下来,任凭怎么说,连进去通报都不通报。没过多久,汉文帝的车马也到了细柳营,依然进不去,实在没有办法了,汉文帝只能派出专门的使节拿着诏书进军营见周亚夫,周亚夫发出命令后门卫才放皇帝一行进入军营。更令人意想不到的是,军队对皇帝的司机发出指令,不能在军营快速行进,要按照军营内要求的速度行进。

进入军营,汉文帝看到士兵们各个身披铠甲,手持利刃,军容整洁,精神饱满,一看就是时刻备战状态。来到将军帐前,周亚夫也是一身铠甲,只是对汉文帝行了军礼。汉文帝看到周亚夫这么庄重,立刻也是变得庄严起来。慰问结束后,随行的大臣都非常震撼,汉文帝上车后感慨:"嗟乎,此真将军矣!曩者灞上、棘门军,若儿戏耳!"(《史记·绛侯周勃世家》)意思是:这才是真将军!前面看到的灞上和棘门驻军简直就是小孩子过家家。

优秀的将领不仅仅是军容军纪庄严,自身也要有真功夫,能够临危不惧。否则就是只会做表面工作,华而不实。周亚夫在平定吴楚之乱时,在敌军攻击东南角的时候能够迅速判定这是佯攻,真正攻击的应该是西北角,这就叫军事素养。军营内部打架斗殴,发生争执,哪怕是打到自己帐前,他也不会去管,甚至都不会出门看一眼,这就叫格局。这不是放纵,因为这种事情有专门

的人员管理，周亚夫身为全军总司令，要考虑整个军队的生死存亡，其他小事都有专人负责专人管理。

周亚夫这么厉害，又立下了这么大的功劳，能善终吗？很遗憾，没有善终。这一点，他没有父亲周勃幸运。

平定吴楚叛乱之后，汉景帝同样也给予了周亚夫最高的奖赏。首先是太尉一职，干了5年，然后又升为丞相。又过了几年，由于周亚夫很多事情和汉景帝意见总是很难一致，索性辞职回家养老。没想到，反而出问题了。

闲下来的周亚夫就开始考虑自己的后事，他想自己戎马一生，可能天生就是领兵的命，希望死后或者下一世还做领兵的将军。然后就让儿子给他准备500副盔甲，当然这个不是真盔甲，只是葬器而已，相当于我们今天给祖先烧的纸钱，或者类似于秦始皇的兵马俑。但是就怕有心人利用，于是就有人向朝廷告发周亚夫要造反。武将造反，肯定是大案要案，于是朝廷马上立案侦查。由于这个理由太无厘头了，简直滑稽，所以周亚夫就懒得搭理这些审理官。然而周亚夫还是太天真了，想当初他老爸出狱后还感慨一个管理监狱的小头头都敢欺负人，更何况是主审官。结果周亚夫什么都不讲，彻底惹怒了汉景帝，汉景帝说了一句"吾不用也"。有了这个口谕，下面的人就知道怎么办事了！当周亚夫意识到问题的严重性的时候，一切都晚了，审判官说："你活着的时候确实不敢谋反,但是你想死后谋反,不容辩驳。"周亚夫听到后,气得直接口吐鲜血,五日后身亡。一代将才就此告别了人间。

话说周亚夫在朝中做官这么久,而且身居高位,怎么会没有人给他求情呢?

可能是因为周亚夫是天生的将才,而不是政治人物。他在吴楚七国之乱中彻底得罪梁孝王,梁孝王经常在太后面前说周亚夫的短处,而且周亚夫事后也没有任何的补救措施。在窦太后提出要给自己的儿媳妇娘家人封侯时,汉景帝说要找丞相周亚夫商量,周亚夫直接就回绝了,理由和王陵当初拒绝吕后的一模一样。可见在政治上他完全不如自己的老爸。这下算是把汉景帝一家人全部得罪了!再加上在其他国家大事上,周亚夫又特别较真,性格刚烈,也不会拉帮结派,所以朝中没有自己的势力。

所以从入狱后的表现来看,周亚夫和他老爸周勃相比,政治上太嫩,情商太差,想法太简单。

那么,汉景帝是什么时候对周亚夫起了杀心的?我认为应该是在一顿饭局后。

周亚夫辞职没多久,汉景帝就请周亚夫到宫中吃饭,专门给周亚夫准备了一大块肉,但是没有准备筷子和刀具,周亚夫见状立马向宫中负责后勤的人要餐具,结果汉景帝就笑着说:"此不足君所乎?"意思是:这样安

排你很不满意吗?周亚夫听出了话中有话,立马脱帽谢罪。汉景帝一看,知道敲打的效果达到了,也连忙起身,没想到周亚夫扭头就走了,而且走得很快。这下汉景帝彻底怒了,认为这个人恐怕太子管不住。

我认为这顿饭之前汉景帝应该还没有起杀心,目的主要是想敲打下周亚夫,让他好好安享晚年,朝廷离了他照样运转。和当年汉文帝用丞相之位试探周勃一个道理,只不过汉景帝是用一块大肉来试探周亚夫。结果汉景帝很失望。

第六节　无法给李广封侯的汉武帝

"时运不济,命运多舛,冯唐易老,李广难封"这是王勃的诗句,我们常常拿来形容一个人命运不好。今天我们就来聊聊汉武帝与李广。

李广一生服务了三个"老板":汉文帝、汉景帝和汉武帝。李广虽然是职业军人,但遗憾的是,他一生没有因为军功而获得封赏。在汉文帝时候,李广跟随军队抗击匈奴,表现非常英勇,但是那时候他毕竟还是个孩子,再加上汉文帝对匈奴的政策是防守,所以李广不可能建立军功。在汉文帝十四年,李广和堂弟李蔡开始参军抗击匈奴,获得汉文帝的赏识,汉文帝夸奖李广说:"惜乎,子不遇时!如令子当高帝时,万户侯岂足道哉!"(《史记·李将军列传》)意思是说：李广你真是生不逢时，要是你生在我爸爸刘邦的时代，你肯定能封万户侯。我觉得这句话当不得真，因为这时候的李广还非常小，汉文帝很可能是用来鼓励小孩子的。李广的生卒年不详，如果按照李广去世（公元前119年）的年龄为60岁，那么汉文帝说这话的时间应是公元前166年，李广这时候才13岁；如果按照李广去世的年龄为65岁，这时候李广也才18岁。不管怎样，汉文帝对李广还是很不错的。

到了汉景帝时候，李广也就到了而立之年，吴楚七国之乱的时候（公元前154年），李广差不多也30岁了，可以说正是年富力强。汉文帝平定吴楚之乱的军事将领是周亚夫，李广当时是周亚夫手下的骁骑督尉，相当于骑兵连的连长。李广一如既往的英勇善战，而且骑马冲入敌军阵营把敌军的军旗都拔了回来，当时轰动了整个战场。战争结束后，梁孝王授予李广将军印，李广直接接受了。这是李广犯的第一个致命错误，李广身为中央军的军人，却私自接受诸侯国的印章，严重来说几乎等同于谋反，这是军人的大忌。李广作为职业军人不可能不知道这中间的利害关系，就算他不知道，他也应该去请示领导周亚夫，由此可见，李广的政治素养确实不高。所以汉景帝论功行赏的时候，就没有给李广任何封赏。但汉景帝还算是宽宏大量，后来依然让李广做官，历任陇西、北地、雁门、代郡、云中等郡的太守。

到了汉武帝时，李广终于迎来了大展拳脚的时刻，汉武帝下定决心要抗击匈奴，所以只要是能打的将领，不管出身高低，只要有军功一定封侯。李广有机会吗？有军功吗？我们用事实和数据来分析。

李广在汉武帝时期，作为将军，一共和匈奴作战5次。所以不能昧良心说没有机会，而是机会太多了！那么我们来看看李广在这5次机会中的战绩。

第一次：公元前134年的汉武帝组织的马邑诱战，计划用马邑城引诱匈奴，然后用30万大军把匈奴包围歼灭。结果计划泄露，匈奴没有上当，所以全体人员都没有功劳。这一次李广任骁骑将军，可以归结为运气不好。

第二次：公元前129年，这时候李广已经50岁左右了，汉武帝准备主动出击匈奴。为了公平起见，兵分四路进击匈奴，每一路配置一位将军，每一路一万骑兵，每位将军只向汉武帝负责。四路将军分别是：李广、卫青、公孙贺、公孙敖。这里面的年轻将领是卫青和公孙敖，没有任何与匈奴作战的经验。相反，李广是最有经验的将领。这次战绩的结果是：公孙敖损失7 000人马；公孙贺无功而返；卫青直捣龙城，俘虏700余人，大获全胜；李广全军覆没，自己还被俘虏了，最后只身逃了回来。

五十多岁的将领，放在现在的军队也是经验丰富的,更何况李广十几岁就和匈奴作战,应该是不会轻而易举落入敌军圈套的,然而李广实实在在被匈奴包围了,这该是多么大意!一万骑兵绝对不是小数目。尽管如此,汉武帝也没有斩李广,而是罚了点儿钱就算了。

李广在家里赋闲没有几年,汉武帝又让李广担任右北平太守。没过多久,汉武帝又把李广调到身边担任郎中令。而后李广因为他的堂弟李蔡抗击匈奴封侯而蠢蠢欲动,开始天天在汉武帝身边唠叨,于是汉武帝再次给他立功的机会。

第三次:公元前123年,总指挥卫青,此时的卫青已经被封为大将军了,能让匈奴闻风丧胆了。卫青手下共六路将军,分别是:右将军苏建,左将军公孙贺,前将军赵信,后将军李广,中将军公孙敖,强弩将军李沮。这次整体战绩是:斩首1.9万人,损失3 000人。但是右将军苏建(苏武之父)全军覆没,前将军赵信投降匈奴,所以卫青没有被加封。李广带领的这支队伍没有任何功劳。霍去病作为校尉,率领800骑兵却斩杀2 000多人,所以霍去病一战成名。

第四次:公元前121年夏天,这次李广和张骞组团出击匈奴,两个人率领了14 000骑兵进入草原。一个身经百战,一个对匈奴了如指掌,这样的组合真是绝配。为了避免再次被匈奴包围,两人决定分开走,互相照应。李广率领4 000骑兵先走,张骞率领大部队在后面跟

进。结果李广还是被匈奴包围了，被匈奴的左贤王团团围住，李广大战两天两夜，张骞才赶了过来，匈奴一看讨不到便宜就撤了。事后张骞说自己迷路了，最熟悉匈奴地理的人却迷路了，真是无话可说，汉武帝于是把张骞贬为庶人。那是不是应该奖励李广呢？也没有，有两个原因：一是"广军几没"，二是"广军功自如"。意思就是李广几乎全军覆没，同时杀敌数量和己方损失的差不多，所以功过相抵。司马迁说这次匈奴有4万人，我认为应该没有，如果真有4万人，匈奴不会看到张骞的1万人就逃跑，一定会和汉军打到底。另外在班固的《汉书·武帝纪》里对这场战役是这样描述的"广杀匈奴三千余人，尽忘其军四千人"，可见司马迁的叙述还是非常给李广面子的。

第五次：公元前119年，这一年汉武帝对匈奴发动了著名的漠北之战，也是汉朝与匈奴之间最大的一次战役，更是卫青和霍去病的最后一次战役。为了这一战，汉武帝几乎是举全国之力应对，所以此次战事对任何一个想要建功立业的人来说都是千载难逢的好机会，此时李广已经60岁了。于是李广又找到汉武帝，汉武帝一看李广都这么大岁数了，劝说他不要再去了，但是李广痴心不改，最后汉武帝实在没有办法了才同意李广随军。

李广的大领导还是卫青，李广任前将军，这是李广硬从汉武帝那里要到的职务。"天子以为老,弗许,良久乃许,以为前将军。"(《史记·李将军列传》)可见李广这次目的性很强,就是要和匈奴大打一次,坚持自己要做前将军。但是汉武帝私下有对卫青交代,说李广"数奇,毋令当单于,恐不得所欲"(《史记·李将军列传》),汉武帝内心是很迷信的人,他认为李广和匈奴打仗就是赢不了。所以卫青到了军中就把李广调到了右边,和右将军并行,李广和右将军赵食其一起走东边。李广感觉不对劲,于是找到卫青理论,卫青也是收到皇帝口谕的,所以坚持这样调整,让李广服从命令。

《史记·李将军列传》对接下来的情节描述比较详细:

> 广不谢大将军而起行,意甚愠怒而就部,引兵与右将军食其合军出东道。军亡导,或失道,后大将军。大将军与单于接战,单于遁走,弗能得而还。南绝幕,遇前将军、右将军。广已见大将军,还入军。大将军使长史持糒醪遗广,因问广、食其失道状,青欲上书报天子军曲折。广未对,大将军使长史急责广之幕府对簿。广曰:"诸校尉无罪,乃我自失道。吾今自上簿。"

这段话充分证明了一句话:善战者,不怒。意思是善于打仗的人是不会轻易发怒的,就好比韩信可以忍胯

下之辱。但是李广不是这样,他和卫青交流无果后,非常生气,接着不幸的事情就发生了,竟然又迷路了,他和右将军的两支部队都迷路了。其实迷路了也非常正常,连张骞这么熟悉的人都会迷路。而且卫青也没有责怪李广,还赶快给他送去食物和酒,只是让他写个情况说明,赵食其很快就写好了,结果李广迟迟不愿意写,卫青就很生气,因为卫青也要赶紧向汉武帝报告战况。

李广就是不愿意写,回到军营就自杀了。和他一起的右将军赵食其回来后,汉武帝也没有责怪,只是贬为庶民而已。从这可以看出李广并不是害怕承担责任而自杀,而是因为他已经看不到希望,心中彻底失去了光明。

综合以上五次战绩,两次无功,两次全军覆没,一次迷路。李广确实没有一次可以封侯的,这是铁一般的事实,而且没有人陷害他或者故意给他小鞋穿。作为军人没有军功,实在无法封侯。

那么李广算不算名将呢?实事求是来讲真算不上,李广被免职期间,霸凌尉曾经看过他,或者说是没有给他面子。李广重新复出后,把这个霸凌尉召到军中找了个借口就给杀了。霸凌尉当初仅仅是按章办事,不让李广通过,是李广违反了法律在先,霸凌尉是执行法律,仅仅是没有给李广通融,就招来了杀身之祸。可见李广心胸非常狭隘!完全不能和韩信的胯下之辱相比。

通过李广的案例,我们可以看出汉武帝对李广是给了一次又一次的机会。其实不仅是李广,还有很多大臣,汉武帝也给了很多机会,而且汉武帝不仅给机会,还不问出身,一视同仁。这就是汉武帝的格局,不拘一格降人才,这点很像刘邦。

第三章
升米养恩，斗米养仇

第三章 升米养恩，斗米养仇

与善仁，直观的解读就是：与人相处要善于运用自己的仁爱。水可以滋养万物，也可以说万物的生长都离不开水，但是万物要健康茁壮地生长，并不是水越多越好，相反，水多可能会害死很多动植物。对人类也是一样，我们离不开水，但是过多的水也是灾难。我们应该从中得到什么启发呢？那就是人与人相处，仁爱必须要有，但是绝不是越多越好，甚至仁爱越多反而成仇。就好比我们俗话说的：升米养恩，斗米养仇。把握好仁爱的度，本身就是一种了不起的能力。

刘邦的仁爱就像洪水，可能很多人根本承载不了，结果导致他们来投靠刘邦，又背叛刘邦；项羽的仁爱就像山里的小溪，感觉会出现山洪，但实际上可能一直是潺潺流水，结果很多有实力的干将都心灰意冷地离开；吕后的仁爱永远都是有边界的，尤其是对待开国功臣，又要依靠又不敢完全信任，所以她和功臣之间总是反复试探；汉文帝的仁爱是不设防的，尤其是对待自己的亲人，所以最爱的人也是伤他最深的人；汉景帝的仁爱反复无常；汉武帝的仁爱犹如龙卷风，爱之欲其生，恶之欲其死。

仁爱的度,很少有人能够一生都把握好。这个能力太难了!

第一节　与朋友互相成就的刘邦

人是社会性动物,是需要朋友、需要团队的。尤其是当你想做成一件事情的时候,志同道合的伙伴就显得更加重要。怎样寻找伙伴?怎样把伙伴变成忠贞的朋友?这不是靠运气,这是一种能力。

刘邦的成功就是因为他很好地运用了这种能力——驾驭人才。驾驭人才其实就是在洞察人性之后采用的具体方法,虽然大部分人的才能本性差别不大,但是每个人还是有具体的细微区别。刘邦是人不是神,尽管他能驾驭大部分人才,但是也有失手的时候。本章我们分析两个相反的例子:萧何和卢绾。

一、最高级的友谊——萧何

萧何是刘邦得力的大总管,也是他信任的人。很多人会说,因为萧何和刘邦是老乡,所以两个人互相信任是很自然的。但历史上,背叛刘邦的老乡可不止一个,最初的雍齿,不仅自己背叛刘邦,还带着根据地和老家人一起背叛;后来在鸿门宴前夕,主动投靠项羽的曹无伤,也是刘邦的老乡加亲信。这两个只是司马迁明确记录在《史记》中的,没有记录的或者不够资格记录的,我想背叛刘邦的大有人在。在利益面前,尤其是巨大的利益面前,没有几个人经得住考验,所以能够经受得住火炼后的才是真金。而萧何就是刘邦的"真金"。

"萧相国何者,沛丰人也。以文无害为沛主吏掾。"(《史记·萧相国世家》)刘邦是"沛丰中阳里人",可见萧何和刘邦是货真价实的老乡,都是沛县的丰城人,而且他们还是同事。萧何是县里的干部,负责功曹,相当于组织部长的角色;而刘邦是亭长,相当于县下面的派出所所长。在秦代,县下面是乡,乡下面是亭,每十里设一亭,亭主要就是负责治安工作。可见刘邦和萧何虽然是同事,但是级别还是相差很多的,萧何虽不是刘邦的顶头上司,但也算是刘邦的领导。而且萧何的年龄也比刘邦大,做事也比刘邦稳重,更重要的是萧何的名声很好,这点和刘邦正好相反。"文无害"这三个字非常重要,突出了萧何一直是秉公办事,从不徇私枉法,能够主持公道,这是萧何的本色。

刘邦平定天下之后,开始论功行赏。大家都开始争功,刘邦提议萧何功劳最大,赏赐应该最多。群臣都表示不服:"臣等身披坚执锐,多者百余战,少者数十合,攻城略地,大小各有差。今萧何未尝有汗马之劳,徒持文墨议论,不战,顾反居臣之上,何也?"(《史记·萧相国世家》)大臣们说得有理有据,他们在前线流血打仗,萧何

在后方舞文弄墨，难道他的功劳比他们还大？刘邦也不含糊，既然是对一帮粗人讲话，那就把话说得粗点。随后刘邦就给他们举了一个打猎的例子："夫猎，追杀兽兔者狗也，而发踪指示兽处者人也。今诸君徒能得走兽耳，功狗也。至如萧何，发踪指示，功人也。且诸君独以身随我，多者两三人。今萧何举宗数十人皆随我，功不可忘也。"（《史记·萧相国世家》）刘邦话一说完，大家都沉默不语了。大家都知道改朝换代是要流血牺牲的，所以各个家族基本是派出一个人跟着刘邦干，最多也就两三个人，权当押注赌博，一旦一个人得道，那么一家人就都可以享受荣华富贵。唯独萧何不一样，他是把全族的能上战场的男人全都送给了刘邦，虽然一个人在后方，但是他所有的亲人都在前线，萧何早已不把这作为一份工作，或者一份事业，他赌的是全族人的一生一世。如果输了，那么这一生就算白来，他们是没有留任何退路的。萧何用行动诠释了什么叫同心协力，什么叫患难与共，什么叫真正的友谊。别人可能看成是萧何的自保，看成是萧何的智慧，但是刘邦从不这样认为。如果全世界都背叛了刘邦，萧何都不会抛弃刘邦，这一点刘邦无比坚信。

　　刘邦把攻城略地的武将比作猎狗，虽然话糙了些，其实理一点也不糙。因为在每一次攻入城池后，武将们基本都是抢金银财宝，甚至刘邦自己也是这样。在进入咸阳城后,刘邦就被咸阳的温柔乡攻陷了,幸好是张良把他拉了出来。但是萧何就不一样,他进入咸阳,首先是抢夺政府文书,掌握全国的土地、人口、税收等一手资料,甚至官方的地图。这些都为刘邦后面的楚汉战争胜利起到了决定性的作用。

所以尽管这样封赏萧何,刘邦心理还是不满足,最后又给萧何加封两千户,因为当初萧何给他送礼比别的同事多送了两百钱,这是回报。

二、最伤心的背叛——卢绾

刘邦和卢绾是同年同月同日生,两人的家还离得不远,双方的父亲还是拜把子兄弟。所以两个人从小在一起玩,慢慢两个人都长大了,还一起读书识字。年轻的刘邦闯祸后,需要逃避,这时候卢绾也没有嫌弃这个发小,而是跟着他一起东躲西藏,还会给躲在山里的刘邦送些吃的。

等刘邦正式起义时,卢绾并没有因为这事情风险太大而和刘邦划清界限。相反,卢绾一如既往地相信刘邦、支持刘邦,坚定地跟着刘邦一起招兵买马,两个人还是形影不离。

跟着刘邦起义的这七八年,卢绾从未抱怨过,在刘邦最艰难的时候也没有选择离开过,更没有像雍齿和曹无伤一样背叛刘邦,关键时刻捅刀子。

富贵后的刘邦,当然不会忘记自己的好兄弟,封卢绾为长安侯,也就是当时汉朝最繁华的地方咸阳。这还不算,平时的赏赐根本不断,衣服、被子等家用品应有尽有,只要卢绾看上的都可以拿走。甚至卢绾可以直接进入刘邦的卧室,这个行为连萧何、曹参都是不被允许的。

刘邦还不满意,还想给卢绾更多,再给就只能封王了。但是由于卢绾的战功实在太少,和其他异姓王相比简直不值一提。这也难不住刘邦,在卢绾打临江王回来后,他直接拉上卢绾再去打燕王藏荼。由于刘邦御驾亲征,加上军队阵容浩大,"三下五除二"就把藏荼俘虏了。在论功行赏的时候,刘邦故意把功劳都推给卢绾,大家也不傻,一看就明白了。于是大家异口同声地说:"应该封卢绾为燕王。"

这也说明卢绾没有跟错人,没有看错这个小伙伴。刘邦年轻时应该许过不少人好处,可能很多人不会相信,但卢绾不仅是个很好的听众,而且还是一个崇拜者,也或许只有他真的相信刘邦会成功。真没想到,若干年后,刘邦真的做了皇帝,卢绾也真的成了王,人生如梦。

做了王的卢绾并没有嘚瑟,而是每年都会定期过来朝拜刘邦,两个好哥们都会在一起喝个小酒叙叙旧。在汉高祖十一年秋天,代地的陈豨反了,自立为代王。刘邦又一次御驾亲征,这次刘邦从南面进攻,让卢绾从东北方进攻,打败陈豨指日可待。这时的陈豨也不会坐以待毙,而是派王黄向匈奴求救,这个王黄就是汉奸韩王信留给陈豨的接头人,此时的韩王信已经逃跑投奔匈奴了。卢绾这时候也派张胜到匈奴说明情况,希望匈奴不要干预汉朝的内政。然而这个张胜遇到了前燕王藏荼的儿子,这个儿子能言善辩,在匈奴混得风生水起,于是对着张胜一番利弊分析,认为正是因为匈奴的存在,代国、燕国才会拥有重兵,张胜才会得到重用。你这么着急消灭陈豨对你有什么好处呢? 不仅没有好处,反而以后的日子更不好过。所以现在应该让匈奴帮助陈豨,你们也不用真发力,做做样子就可以了。

张胜一听很有道理,回来就讲给卢绾听,卢绾也听不出什么毛病,认为似乎也有道理。于是原本可以快速结束的战斗硬是就这样被拖了下来,闪电战打成了持久战。

第二年英布也反了,刘邦拖着病躯又御驾亲征,这边战场留给了樊哙处理。之后樊哙斩了陈豨,还俘虏了一个副将,从副将口中得知事情的真相。樊哙也不敢相信卢绾会和陈豨勾搭上,但是人证物证齐全,燕王卢绾的信使也正好被俘,所以樊哙只好马上报告给刘邦。

刘邦也不敢相信这是真的,毕竟几个月前两人才一起喝过酒。所以刘邦派审食其和赵尧两人亲自去一趟燕国,当面和燕王卢绾对峙,听听卢绾的解释。审食其也算是刘邦的发小,对卢绾也是非常熟悉,赵尧是御史

大夫，去燕国也算名正言顺。结果，卢绾害怕了，一直躲着不见面。卢绾装病不见，没办法这两人只好回去交差。刘邦听到这个汇报后，更加生气了。这时匈奴正好有一帮人投降，透露了卢绾的下属张胜一家在匈奴过得有滋有味。刘邦听后说："卢绾果反矣"，于是给樊哙下令，攻击燕国。

两个好兄弟就这样决裂了！

这时的卢绾才清醒过来，能让他富贵的是刘邦，刘邦给他的机会他却没有把握住。想再回头看看国家也没有了，自己也被赶出了家门，卢绾带着家眷一行站在长城外，期望能进京亲自给刘邦解释一下，就算死也无怨。

但是很不幸，他突然接到刘邦驾崩的消息，卢绾只好挥挥手告别了家乡，走向草原，投靠了匈奴。

在匈奴生活了一年左右，卢绾也去世了。而且匈奴并没有平等对待他们，只是看上了他们手中的钱，等钱敲诈完之后他们也就一无是处了。所以后来卢绾的妻子也回到长安见吕后，结果依然很遗憾，两人约好了见面，结果吕后也突然驾崩了。

卢绾算是最终也没有给刘邦说出"对不起"三个字，估计刘邦最终也没有释怀。

为什么萧何和卢绾对刘邦都是忠心耿耿，结果却是天壤之别呢？根本原因还在于刘邦，刘邦对萧何做到了知人善用，知恩图报，但始终保持理性，所以萧何才得以善终；刘邦对卢绾则是感性大于理性，模糊了上下级的关系，模糊了朋友的界限，且小恩大报，最终酿成悲剧。

第二节　喜欢利用朋友的项羽

项羽最终输给刘邦，不是因为项羽的身边没有团队，也不是他身边的团队不够厉害，而是项羽根本就不会驾驭人才，所以这些人大多不是死心塌地跟着项羽，愿意为项羽卖命的。

前面说过陈平跟过项羽几个月，忍受不了项羽的做事风格"裸辞"了；韩信跟着项羽整三年，还是贴身侍卫，最后实在看不到前途也逃跑了。尽管如此，项羽身边还有很多厉害的角色，比如：老谋深算的范增和打仗所向披靡的英布，然而就是这两位，项羽都没有驾驭好。

在项羽的眼中，所有人都是筹码，都是可以收买和利用的，更别说自己的手下。要尊重给你尊重，要金钱给你金钱，要官位给你官位，他唯独不会真诚待人。

一、自尊心极强的范增

范增号称是项羽的第一谋士，但是自尊心太强了，项羽也看出这个问题了，就尊称他为亚父。从这点来看，项羽还是懂些驭人之术的，然而这一点点浅薄的识

人术没有让项羽真正解决范增的问题,也就没有真正驾驭范增。范增辅佐项羽时都已经七十多岁了,他的目标肯定不是争夺皇位,而是想做个千古名臣,像萧何、张良一样,成为一代开国名臣。针对这个问题,两人显然没有真正深入交流和探讨过,这也导致项羽的战略接连失败。这里面有范增的原因,也有项羽的原因。

范增的原因主要表现在,真正的谋士不仅能提出好的建议,还应该能贯彻建议,而不是提出建议后便认为万事大吉了,不关注执行情况。比如在鸿门宴的时候,范增已经看出了刘邦的野心,是铁了心要除掉刘邦,酒席上还自作主张安排了项庄舞剑,结果成了一个笑话,眼睁睁看着刘邦逃走了,自己还气得推桌子摔碗的。在笔者看来,如果范增真想除掉刘邦,不是没有机会,也不是只有鸿门宴一次机会。范增分明可以和项羽好好沟通,改变下自己的语气,同项羽说明白为什么不可以留下刘邦的原因,然后趁着刘邦往汉中走的时候,派部队截杀。20万的秦军都能一夜之间坑杀了,难道刘邦这3万人马就杀不了吗?当时项羽只准刘邦带走3万人马,加上后来自愿追随刘邦的最多也就10万人。但很遗憾,我们只看到了气急败坏摔碗砸锅的范增,他似乎只在意自己的意见不被接纳而生气,根本不在乎这次放走刘邦后所引起的后果。范增仅仅是有着渴望变成千古名相的心,却没有相应的素养,他的所作所为都是为了自己，而不是为主公考虑。

项羽的原因主要表现在，一个好的领导者，要能做到兼听则明，即便决策错了，也要直面问题，及时知错就改。而项羽自矜功伐的性格恰恰缺乏反思精神，尤其是在鸿门宴之后，他既意识不到范增的价值，也不相信刘邦的能力。那到底怎么做才叫反思呢？刘邦就给我们做了一个很好的例子。

刘邦被围困在白登山之时，痛定思痛，回来把十几个使者一起砍了。因为战前这十几个使者都说可以攻击匈奴，只有娄敬一人建议不能进攻，娄敬的理由是他出使匈奴的时候看到的都是老弱病残，没有看到强壮的马匹，这点在战前非常反常，说明肯定有埋伏，所以不能进攻。刘邦当然不会相信一个人的话，他选择了相信那十几个使者的话，结果就中了埋伏，围困在白登山七天七夜。刘邦回来后就把这十几个人全杀了，然后立马提拔娄敬，并进行自我检讨。这之后，大家再也不敢随波逐流、人云亦云了。敢于承认自己的错误，而且要表扬和重用提出正确意见的人，这才是反思。读历史，我们会发现，凡是在不断强大的组织，都是这一点做得非常好；反之，凡是开始走下坡路的组织，无疑都是经常自欺欺人的。

在汉朝崛起的时候，匈奴也在北方随之崛起。匈奴当时的核心领导人是单于冒顿，冒顿组建自己的智囊团

时就杜绝"墙头草"的谋士进入，凡是没有自己的主见或者底层思维和国家方针政策不一致的一律杀掉。这样一来，每一个谋士在进行建议的时候都会认真反复考虑，甚至深入一线实地考察，而不是信口开河，因为一旦说错，就是直接杀头。

而项羽在鸿门宴之后，并没有进行自我反思，对范增的重视也没有更进一步。因为后面陈平的一个小小离间计，就把这二人彻底分开了，这友谊该是多么不可靠啊！我们简单看下这个离间计。

彭城之战后，刘邦被项羽追着打，一直追到荥阳，双方就在荥阳开始对峙。范增再一次提醒项羽，这一次绝对不能放走刘邦，一定要把刘邦消灭在这里。项羽也意识到了鸿门宴的失算，当初没有听取范增的建议，才有了今天的这个大麻烦，于是就决定听范增的。所以项羽把荥阳城围的密不透风，一只苍蝇也飞不出来，刘邦在荥阳城里很快就断粮了。

这时的刘邦一边继续打感情牌，建议把荥阳西面的地方都划给自己，自己就永不再出兵了；同时让陈平出来实施离间计，离间项羽和范增以及将领龙且等人。首先陈平用金钱开路，让项羽的士兵在军中散布龙且功劳这么大，也应该像英布一样封王，龙且心中对现状十分不满的言论。然后又离间范增和项羽，当项羽的使者过来时，刘邦故意用最高规格礼仪接待，接着又故意撤下来，改用一般的礼仪接待，再不小心说出我们弄错了，原本的礼仪是招待范增的使者的。就这么一个小伎俩，项羽就开始怀疑范增，并削减了范增的一些权力。从这可以明显看出来，项羽对范增的信任并不深，亚父也仅仅是个称呼而已。当然范增也不是没有责任。项羽做得确实不对，但是毕竟项羽也不是神仙，并不是样样都能考虑到。如果不是范增的情绪管理太差，如果他对项羽再多一点耐心，多一点宽容，那么楚汉之争的结局也未必会如此。范增在这个离间计后直接辞职回家养老了，都懒得和项羽解释。

当然最后范增也没能颐养天年，在回去的路上就病发身亡了，到死也没能看到自己的预言。范增将近七十才出来创业，能力是有的，精神更是可嘉，败就败在脾气太大，管理不了自己的情绪，是情绪葬送了他，连同他的"老板"。

二、最锋利的刀——英布

项羽手上最锋利的刀是英布，龙且是后起之秀，前期项羽的战绩都有英布的功劳，而且功劳很大。英布跟着项羽干最难的事儿，可以说是项羽的心腹。

英布和彭越一样都是草根出身，而且都是群盗，不同的是彭越在项羽的北面当群盗，英布则是在项羽的南面当群盗。英布的出生地在今天的安徽省六安市附近，

所以他的活动范围在淮河以南和长江以北的广阔地带，地盘比彭越大得多。两个人还有一个最大的区别，就是英布非常喜欢拜老大找靠山，这点和彭越正好相反，所以英布的队伍发展得非常迅速。

队伍壮大后的英布，很快就投靠了项梁。项梁战死后，就跟着项羽北上救赵国，打了著名的巨鹿之战。

项羽在救赵国的巨鹿之战中一战封神，在这场以少胜多的战役中，打前锋的正是英布，英布率领士兵身先士卒，以一当十，所向披靡，让作壁上观的诸侯联军无脸以对。正是英布在正面战场拖住了秦军的主力，项羽才得以破釜沉舟，不断袭击秦军的后勤补给线。所以在这场战役中，军功章也有英布的一半。

但仅凭这一战，英布还成不了项羽的心腹大将，接下来的另一件事，才让他一举成为项羽心腹。在巨鹿之战中，跟着章邯投降的秦军有20多万人，在进入关中前，项羽和手下开始商讨，万一这降军不听话了，反戈一击怎么办？加上项羽部队中有些人曾经受过秦军的虐待，尤其是英布和英布的部队，所以如何对待投降的秦军让项羽部队陷入了紧张关系之中。

巨鹿之战中，秦军号称有40万人，其中20万人是王离带的长城军，也就是在北方修长城的边防部队；另外20万人是章邯拼凑的在骊山服徭役的囚犯或者狱卒。英布年轻时犯了法，受过黥刑，还被发配到骊山服刑,既然是服刑,肯定没有受到好的待遇。后来英布就带着一帮人从骊山逃了出来,正式落草为寇。现在英布俘虏了这帮曾经在骊山奴役过他的军官,心情肯定是复杂的。就算英布不计较,也不代表他的兄弟们都不计较;就算他和他的兄弟们都不计较,也不代表骊山的这帮军官就没有想法。

项羽部队行军途中,军队内部的情绪就一直在发酵,眼看就要爆发了,项羽决定先下手为强,一劳永逸地解决这个问题,于是让英布连夜把这20万秦军坑杀,英布也确实这样干了。关键是在这个过程中,章邯一下都没有抗争,眼睁睁看着自己的士兵就这样被坑杀。作为补偿,项羽封章邯为王。

而另一边的刘邦却和关中父老约法三章,不拿群众一针一线。天下纷争,在这一刻,似乎就已经注定了结局。

失去民心的项羽,当然不敢在关中称王,于是赶快跑回了老家。然而老家还有一个名义上的领导——楚怀王,但他又不想听楚怀王的,于是就想把楚怀王赶走,便说楚怀王应该住在水的上游,所以让楚怀王沿着长江西迁,然后想找人在半路上把楚怀王做掉。这个人必须是自己的心腹才可以,否则消息泄露出去,自己就真的成了不忠不义之人。于是项羽又想到了英布,英布二话不说,漂亮地完成了任务。从后面两件事情也可以看

出，英布作为一个将领，或者说一个王，做的事情是不符合身份的，严格来讲，英布这个人也算是没有道德底线。

在项羽的眼中，英布就是一个"好兄弟"，是一个可以放心的自己人。项羽没有想过，英布凭什么对他好？凭什么对他言听计从？因为他能给英布带来好处，只要有好处，英布连尊严底线都可以出卖。假如有一天，项羽不能给英布带来好处呢？

在楚汉战争的初期，刘邦没有想过要拉拢英布，毕竟两人没有什么交情，而且大家都知道英布对项羽忠心耿耿。但是随着战争的持续，刘邦发现，英布和项羽好像也不是铁板一块。最明显的两个例子就是：项羽攻打齐国的时候，让英布派兵支援，英布只派去了4 000士兵；刘邦攻打彭城时，身在齐国的项羽让英布派兵支援彭城，这次英布连一个兵都没有派去。刘邦似乎突然看到了希望！

彭城之战后，刘邦被项羽追着打，刘邦边逃跑边思考，谁能帮他拖住项羽！刘邦灵光一现，想到了英布。于是刘邦便与跟随他的军士们商量，谁能去策反英布。

刘邦想着肯定没有敢去，毕竟这个设想现在还是有点儿过于大胆。结果随何接招了，说给20人，他去。刘邦一愣，说，不要说20人，200人也可以，还需要什么尽管说，能满足一定都满足。随何说什么都不需要，就20人足矣。

随何是真的抱着必死的心去的,这个困难确实太大了。随何到了英布那里,愣是3天没有任何接见的动静。最后随何实在没有办法了,再一次找到英布的丞相,说只要给我安排见一次英布,如果英布没有被我说服,你们直接把我这20个人拉到街口砍掉,以示你们对项羽的忠心。咱们也算做了一个了断,不要在这里纠缠不清了。

这一招果然奏效,当天英布就接见了随何。随何也非常直接,不搞那些虚头巴脑的东西,上来直接挑明:英布现在之所以按兵不动,不去出兵帮项羽,也不投靠刘邦,无非就是认为项羽还很强大,刘邦不是对手。一下子就说到了英布的心坎上。随何接着分析:现在刘邦与项羽对峙的地点在荥阳,荥阳西面是易守难攻肥沃的关中地区,这是刘邦的根据地;荥阳的东面是一马平川无险可守的黄河中下游平原,这是项羽的根据地。刘邦可以调动部队去偷袭项羽的后方,而项羽对刘邦的后方却无计可施。这是一场持久战,谁能耗得起谁就赢。你认为项羽能赢吗?随何最后再"补一刀":您看看现在还有哪个诸侯没有反过项羽?项羽还有民心吗?还有凝聚力吗?

英布在心里反复拨打着小算盘,认为随何说得确实有道理,于是就答应背叛项羽,加入刘邦的阵营。随何知道这个人的德行,既然大家已经统一战线了,那现在

就发兵攻打项羽。英布说也不急这一会儿,随何就跑到项羽派来的使节那里,大声说:英布已经决定跟着刘邦了,马上就发兵,你们几个死定了。说完,让英布赶快把这几个人杀了,英布也只好杀了他们,然后开始起兵。

不知道是起兵太仓促还是英布的战斗力下降了,龙且过来没几个回合就把英布打败了。英布只好跟着随何两个人抄小路往关中跑。到了关中,两人先去拜见刘邦。当时刘邦正让人给他洗脚,随何见怪不怪,没想到英布看到非常不爽,想他带着这么大的家业来投靠刘邦,刘邦就这样接待他。至于刘邦给他说的什么,估计他一个字都听不进去,客气了一番,刘邦就让他回去休息了。英布到了住处,才发现里面用的所有东西,都和刘邦的一模一样,规格也一样。英布一下子又开心了,认为自己的选择是对的。

由于英布跑得太匆忙,自己家眷都没有来得及安排,所以全部被项羽抓到了,然后一个不留全部杀了。英布的老婆是长沙王的女儿,项羽死后,英布为自己的粗心也付出了惨重的代价。

统一天下后的刘邦,封英布为淮南王,管辖六安、九江、庐江、衡山、豫章等地,比原来的地盘确实扩大了,也说明刘邦真的是言而有信。

到了汉高祖十二年,也就是刘邦驾崩前,参加垓下战役的人,已经走了2个了,韩信是汉高祖十一年春走的，彭越是汉高祖十一年夏走的，现在只剩下刘邦和英布。加上此时刘邦的身体已经非常虚弱了，为了刘家江山稳固，不被异姓王威胁，于是刘邦趁着身子还能动，说什么也要把英布一起带走。

最后不管英布反还是不反，刘邦必须要把土地收回来，把军队收回来，所以刘邦最后一次御驾亲征就是要带走英布。两人在阵前做了最后一次对话，结果不欢而散，最后刘邦凭借皇上的实力把英布的部队打得落花流水，英布向南逃去。

英布的老婆是长沙王吴芮的女儿，而且二人还是在英布刚造反的时候结的婚，是有感情基础的。所以英布逃跑的时候就先想到长沙王，不过这时的长沙王已经不是岳父了，而是小舅子。小舅子就给英布出主意，让他去投靠南越王赵佗，小舅子负责护送。英布信以为真，认为关键时候还是亲人靠得住。没想到，到了半路，小舅子就让人把英布的头给砍了，交给了刘邦。为什么会这样呢？这要问英布自己，为什么英布当时跟着随何逃跑的时候，就没有想过长沙王的姐姐呢？害得姐姐和外甥都被项羽杀害，项羽死了，长沙王只好把这个仇记在英布的头上。

于是一代枭雄英布，就这么凄惨地结束了自己的一生。

如果说项羽没有用好范增，范增也应负一半责任的

话,那么没有用好英布,项羽则应负大部分责任。英布是项羽手中最锋利的刀,项羽竟然弄丢了,而且还在关键时候反刺自己,这是何等的悲哀！我们用"事后诸葛亮的思维"来分析下项羽的用人策略：只会利用,不会敲打,更不会交心；导致团队没有共同的理想和信念,遇到委屈和困难就撂挑子,遇到更大的利益就背叛；刘邦用仁义是多和少的问题,项羽用仁义则是有和无或者真和假的问题。

第三节 善于划定边界的吕后

吕后掌权16年,其中自己完全掌权9年。司马迁对这段时期的评价是很高的："天下晏然,刑罚罕用,罪人是希。民务稼穑,衣食滋殖。"(《史记·吕太后本纪》)简单来说就是国泰民安,老百姓安居乐业。这当然不是吕后一人的功劳,而是文武百官的集体成绩。但是从这可以看出吕后是很善于用人的。

刘邦病重的时候,吕后就问刘邦："你百年之后,萧相国也去世了,后面谁来接啊？"刘邦说："曹参可以。"吕后又问："曹参之后呢？"刘邦说："让王陵上,不过王陵太耿直,让陈平去辅佐他。陈平这人很聪明,但是有点滑头,很难独立担当大事,后面再让周勃和陈平一起互补。"吕后再问："陈平和周勃后面呢？"刘邦说："你操的心太多了。"然后吕后就不再发问了。

吕后还是很听话的,刘邦驾崩之后,吕后基本是按照这个顺序任命丞相的。萧何和曹参不用讲了,两人本身就是文官出身,对刘邦忠心耿耿,而且和吕后原本就非常熟悉,所以对吕后也不存在二心。王陵是刘邦的同乡,最初也是单独起义的,是在楚汉战争的时候,才投靠了刘邦。在王陵犹豫是选择刘邦还是项羽的时候,王陵的母亲坚决站在了刘邦的一边,最后还被项羽残忍杀害。所以王陵最后对刘邦也是死心塌地。因此王陵对吕后的感情不是很深,至少不能和萧何、曹参两人相比。再加上王陵性格特别耿直,所以他是三人中唯一没有在丞相位置上做到死的人,中途就被吕后撤职了。王陵也很有个性,撤职后连班都不去上了,吕后也拿他没有办法。最后一个组合就是陈平和周勃,驾驭这两个人绝对是个挑战,但是吕后拿捏得非常好。

王陵担任右丞相的时候,陈平担任左丞相,周勃是太尉。王陵被撤职后,陈平担任右丞相,审食其担任左丞相,周勃还是太尉。审食其虽然是左丞相,但是并不分担朝廷事务,主要职责是管理后宫以及保证后宫的安全,相当于吕后的总秘书长。审食其可能是吕后真正信任的人了,毕竟吕后做俘虏的时候审食其就一直陪伴在身边,两人也算患难之交了。此时朝廷的具体事务基本都是陈平一人处理,国防的事情就交由周勃处理。

当然政治从来都不是这么简单的事情,吕后的信任也不是这么容易就能得到的,陈平和周勃总要表示点什么的。

一、陈平和周勃的第一个投名状

在刘邦弥留之际,得知自己最好的兄弟燕王卢绾造反了,刘邦心疼之余,还是派樊哙领兵前去平叛。这个时候有人向刘邦进言:"万一您有个三长两短,樊哙是吕后的亲妹夫,现在又手握重兵,吕后会不会乘机做大,架空太子?"刘邦心里一紧,马上意识到问题的严重性,立马招来陈平和周勃,让他俩赶快到樊哙军中,把樊哙就地解决,刘邦要亲自看到樊哙的人头。于是这两人快马加鞭去追樊哙,在路上,陈平的脑瓜就开始转动,于是他拉住周勃说:"樊哙,帝之故人也,功多,且又乃吕后弟吕媭之夫,又亲且贵,帝之忿怒故,欲斩之,则恐后悔。宁因而致上,上自诛之。"(《史记·陈丞相世家》)意思是说:樊哙本来就是功臣,再加上还是刘邦的亲戚,吕后的亲妹夫,我们真的斩了樊哙,万一刘邦又后悔了,我们俩就完蛋了。但是命令又要执行,所以我们只要抓住樊哙,押他送回长安城就可以了。至于要杀要剐,由刘邦和他老婆两人决定。其实陈平真正担心的并不是刘邦杀樊哙的决心,而是刘邦的生命还能挺多久,一旦刘邦驾崩,掌权的肯定是吕后,吕后的手段陈平和周勃是见识过的,韩信和彭越的下场就是最好的例子。所以周勃认为陈平讲得太有道理了,完全赞同陈平的建议。这边的樊哙也得到了点风声,但是根本就没有把这两人放在心上。樊哙这个武夫哪是陈平的对手,陈平进入军营,略施小计就把樊哙五花大绑了。于是周勃顺利接管樊哙的军队,陈平押解着樊哙回了长安城。

在返回的路上,陈平就接到了刘邦驾崩的消息,于是丢下樊哙,自己快马加鞭往长安城跑。在路上他又接到诏书,让陈平和灌婴驻军在荥阳。陈平不管这些,继续往宫里跑,非要进宫。为什么陈平这么着急,因为他太了解吕后了。一旦吕嬃向吕后哭诉,讲陈平的坏话,就再也没人能保住陈平的脑袋了。所以陈平进入宫中,见到守灵的吕后就放声大哭,边哭边汇报工作,告知吕后他没有杀死樊哙,而是把樊哙押解回长安了。吕后一听马上明白了,悬着的心放了下来,于是就让陈平回家休息。陈平哪敢回去!继续给自己加戏,直到吕后承诺不再追究他的责任,还给他安排了新职务——郎中令,也就是后来审食其实际干的活儿,负责京城的安全,陈平的心才真正放了下来。

所以,不杀樊哙,就是陈平和周勃送给吕后的第一个投名状。但是,这还远远不够。

二、陈平和周勃的第二个投名状

七年后,孝惠帝英年早逝,吕后就这一个儿子,虽然

吕后早就把权力集中到了自己手里,但是毕竟名不正言不顺。儿子去世后,吕后掌权就更加尴尬,也更没有安全感了。所以在丧礼上,吕后一直干哭,就是没有眼泪。张良的儿子是宫中的秘书,就跟大臣们暗示,吕后是缺乏安全感,想让吕家人接管京城的戍卫,但是又不能自己提出来,希望你们能带头提起。吕后安全了,你们自己也就安全了。

这时候王陵是右丞相,陈平是左丞相,周勃是太尉。三人一商量,认为张良儿子讲得很对,一个女人,没有了老公,现在唯一的儿子又没了,确实挺可怜,她的安全感只能靠吕家的侄子来填补了。于是三人一致建议,让吕后的侄子入朝为官,并掌握南北军(长安城的禁卫军)。吕后看到这个建议后"太后说,其苦乃哀",意思是:这时候太后才放心,哭得悲痛。做母亲不容易,做太后似乎更不容易。

吕后的侄子掌管南北军后,只听命于太后。也就是说,周勃虽然是太尉,掌管全国的军队,但是指挥不了这两支军队,甚至连军营都进不去。

这个算是陈平和周勃的第二个投名状,不过这里也有王陵的功劳。

三、陈平和周勃的第三个投名状

吕后有了安全感后,内心开始膨胀,想把吕家势力进一步壮大。于是有了把吕家人封王的想法，吕后先试探性地问了右丞相王陵，王陵的回答很直接："刘邦说过非刘氏不得封王。"吕后就很不满，然后转头又问陈平和周勃，这两人回答："当然可以啊！刘邦在位的时候封刘家人，您在位的时候封吕家人，这不是很正常吗？"吕后一听非常高兴。但是王陵不这么看，他认为陈平和周勃纯粹是拍马屁，恶意歪曲事实。下班后，王陵就拦住这二人，质问道："当初刘邦歃血为盟，大家一起约定非刘氏封王者，大家都要反对并讨伐，你们两个也在现场，也喝了马血。怎么今天讲出这样的话？死后你们有脸去见刘邦吗？"谁知这两位听后，一点都不生气，也不脸红，然后还对王陵说："讲道理呢，我们肯定不如你；但是稳江山社稷，你肯定不如我们。"王陵气得差点吐血，就不再搭理这两人。后来吕后把王陵撤职了，王陵心中也有气，干脆连班都不去上了，羞于和陈平、周勃为伍。

这件事算是陈平和周勃给吕后的第三个投名状。

那么吕后是怎么回应陈平和周勃的呢？除了让他们继续为朝廷服务，就是不断给他们安全感。比如：吕后的妹妹吕媭一直对陈平抓捕她丈夫樊哙的事情耿耿于怀，常常在吕后面前告陈平的黑状。有一次，吕后当着吕媭的面对陈平说："鄙语曰'儿妇人口不可用'，顾君与我何如耳。无畏吕媭之谗也。"（《史记·陈丞相世家》）这句话就非常直白了：别人怎样说你陈平都无所

谓,包括我妹妹,关键要看你是怎么对我的。就这样,吕后时不时给他们吃个定心丸,也算是敲打他们,提醒他们不要越界。陈平和周勃老老实实为吕后干活,不敢有半点越轨行为,因此在吕后执政期间也算是"君臣相宜"。

吕后是皇后,而且后来失宠,儿子还差点被刘邦废掉太子,所以她内心是缺乏安全感的;再后来,丈夫去世,唯一的儿子也去世,看着满朝的元老,她内心更加惶恐。她用人既要考虑刘邦的遗言,更要考虑对自己的忠心。吕后真的会相信陈平和周勃的忠心吗?大概率不会,他们可以"背叛"刘邦,当然也会"背叛"吕后,这一点吕后肯定不糊涂。所以吕后牢牢抓住后宫的安全和京城禁卫军的指挥权,她并不是真的相信陈平和周勃,但是治理国家又需要这帮元老继续卖命。所以大家就划好边界,只要陈平和周勃不反,行为上忠于当下的朝廷,吕后就和他们相安无事。

第四节 无奈的帝王汉文帝

汉文帝把毕生精力都献给了天下,然而这份爱却无法企及自己的孩子;汉文帝保护了大汉的子民,却没有保护住自己的儿子。从这个角度来讲,汉文帝是最无奈的帝王。

汉文帝和刘邦一样，一生有8个儿子，更巧的是，最后的结果都是仅存两子；所不同的是，汉文帝是眼睁睁看着6个儿子逐个失去，作为父亲和至高无上的帝王却无能为力。

汉文帝的前4个儿子是代王王后所生，没有留下姓名；中间2个是窦太后所生，分别是刘启和刘武；最后2个是其他两个女人所生，分别是刘参和刘揖。汉文帝最喜欢的是小儿子刘揖，但最后活下来的两个儿子是窦太后所生的刘启和刘武，其他全部莫名其妙死亡了。

这事情到底是谁下的毒手？谁敢下这个毒手？历史上没有明说，但是他们的死亡对谁最有利谁就最有可能。答案显然是对窦太后最有利，因为其他儿子都死了，剩下继承王位的就只有她的儿子了，毫无悬念，更不会有奇迹发生了。

那么到底是不是窦太后干的呢？我们分析一下。

先分析汉文帝的前4个儿子，这是在汉文帝还是代王的时候，他的第一位正式妻子，也就是代王王后所生。奇怪的是这么重要的一位人物竟然连名字都没有留下，那么我们联想一下刘邦的其他儿子的王后，都是吕后安排的吕氏家族的女人，所以，大概率代王王后也是吕氏家族的女人。汉文帝其他兄弟很多都不满意吕后的这个安排，所以对吕氏女人没有好脸色，结果夫妻矛盾上升到了政治斗争，最后那几个兄弟都被吕后给弄死了。

反观汉文帝,他不仅喜欢这个王后,似乎夫妻之间还很恩爱,王后一连给汉文帝生了4个儿子。可能这一点也是吕后掌权时放过汉文帝的重要原因之一。

但是这一切随着吕后的驾崩都改变了。周勃和陈平在朝中把吕家势力斩草除根,决定迎代王刘恒来做皇帝。刘恒起初是并不相信的,所以派了舅舅薄昭前去会见周勃,我猜测,周勃和薄昭应该是交换了意见和条件。具体司马迁没有写,但是我推断至少有两点:周勃和刘恒联姻、除掉代王王后。

联姻在之后已经成了事实:汉文帝的一个女儿确实嫁给了周勃的长子。遗憾的是小夫妻两人关系不好,最后竟然离婚了。这下汉文帝不高兴了,直接把女婿的爵位给夺了回来,贬为庶民。

至于废掉代王王后,也是事实,在刘恒去长安前,王后突然去世,或许这就是政治条件交换吧。否则周勃根本就睡不着,吕家人全部被他杀光了,如果就剩这一个女人,最后她又做了皇后,而且还有4个儿子,那么周勃就是有10个脑袋都不够砍的。然而此时,这4个有吕氏血缘关系的儿子没有死,刘恒肯定是舍不得杀掉自己亲儿子的。

周勃尽管无奈,并不代表他会放弃,他是从死人堆里爬出来的开国将领。不仅躲过了"狡兔死,走狗烹"的危险,还躲过了吕后的反复试探,典型的大智若愚,不会把自己置于危险的境地。硬的不行那就来软的，不能明着来，可以暗着进行。周勃直接下毒肯定不行，一来有谋反的嫌疑，二来后宫已经移交给了汉文帝的亲信。所以周勃只好寻找合伙人，最合适的就是窦太后（此时还是窦夫人），只要把前面的4个儿子干掉，她的儿子按照顺序就是太子，如果再有大臣策应，就顺理成章了。

真实过程我们无法得知，但事实是：汉文帝登基后几个月内，他的4个儿子陆续病逝，原因无从查找。然后周勃等大臣立即呼吁，应尽早立太子。于是汉文帝立刘启为太子，立窦夫人为皇后。皆大欢喜，满朝喜庆，周勃可以睡个踏实觉了，窦太后也可以高枕无忧了。此时，如果只有一个人伤心，那一定是汉文帝。

司马迁形容周勃"木彊敦厚"，意思就是人很质朴忠厚。但是质朴忠厚不代表坐以待毙，更不代表笨。窦太后有一个哥哥和一个弟弟，由于家里穷，弟弟很小的时候就被卖掉了。做了皇后之后，她找到了这个弟弟，姐姐看到弟弟这些年吃了这么多的苦，很是心疼，便要让弟弟富贵。周勃这时候对灌婴说了一句话："吾属不死，命乃且县此两人耳。两人所出微，不可不为择师傅宾客，又复效吕氏大事也。"（《史记·外戚世家》）意思是：我们两个人的老命就攥在这两个人的身上，他们两个出身低微，如果不派好的老师教他们，他们又会学吕后那一套。周勃只看一眼窦太后和她的两个兄弟，就知道不

是省油的灯。虽然最后兄弟俩没有参与朝政，但是窦太后一人都把官员折腾得不轻。

分析完汉文帝的前4个儿子，再分析下他最小的2个儿子。按理说，后面的2个儿子应该安全了，因为对其他人已经不构成威胁了。我是这么想的，估计汉文帝也是这么想的，但是有一个人不会这么想，那就是窦太后。为什么？

因为窦太后的家庭非常困难，她原本只是宫中的一个非常普通的女人，一次偶然的机会，被吕后选中送到了代国，而且还生下两子，母凭子贵，所以地位一下子就高了。但是这时候，在代国这个偏远的地方，她做梦也想不到自己会做皇后，自己的儿子会做太子。然而命运再一次垂青于她，她们竟然一同到了长安，刘恒做了皇帝，接下来刘恒的4个儿子又突然病逝，自己的儿子立马成了太子，自己成了皇后。一切都太快了，快到她都不敢相信，甚至担心立马会失去。怎么让这一刻成为永恒呢？这是一个问题，是窦太后必须马上重视起来的问题。

我们对当年的具体情况不得而知，但结果是汉文帝最小的儿子刘揖，在自己封地梁国骑马不小心摔死了，他的师傅是汉文帝十分器重的贾谊，就是那位"可怜夜半虚前席，不问苍生问鬼神"的主角。贾谊非常自责，因为汉文帝最喜欢这个儿子，所以贾谊没过一年也抑郁而死。随后窦太后另一个儿子刘武就被封为梁王。

另一个儿子刘参6年后也死了。至此,汉文帝的8个儿子,就剩下窦太后所生的2个。剩下的这2个儿子长得非常茁壮,没有疾病,也没有任何意外。一切都很顺利,一个当太子,一个做最富裕地方的王,母慈儿孝,其乐融融。

万一汉文帝又生出其他的小王子怎么办呢?但好运似乎并未再眷顾汉文帝。窦太后一度双目失明,汉文帝宠幸慎夫人和尹姬,汉文帝几乎天天和这两个女人在一起,然而,她们就是不会怀孕。"窦皇后病,失明。文帝幸邯郸慎夫人、尹姬,皆毋子。"(《史记·外戚世家》)

汉文帝应该是心灰意冷了,晚年特别宠幸一个男宠,叫邓通。有一晚,汉文帝做了一个梦,梦到自己要上天,结果总是差一点力气,这时感觉身后有人推了自己一把,这才上了天。汉文帝内心非常感激,回头看了一眼,发现是个眉目清秀的男人,而且衣服的腰带是向后打结,这个细节汉文帝记得非常清楚。梦醒之后,汉文帝感觉一定有这么一个人,于是就到处走动,到了湖边真的发现这么一个人,和自己的梦中人长得一模一样。汉文帝觉得这是天赐之人,是上天派来陪伴自己的。而事实上确实如此,邓通从不过问国事,更不向皇帝推荐人才,也不索要财物,总是显得无欲无求,结果他越是这样,汉文帝就越是赏赐他。有一次,汉文帝让人给邓通

看相,相师就说,邓通是饿死的命。汉文帝一听立马不开心了,说我这么喜欢他,他怎么会饿死呢?但是想来想去,还是怕出现意外,于是就赏赐给邓通一座铜山,而且允许邓通铸钱,也就是说邓通可以私自印钞,这还能饿死吗?邓通钱布天下,可以想象邓通当时是何等的富裕。

尽管汉文帝驾崩前反复交代太子不要为难邓通,然而这一切随着汉文帝的驾崩戛然而止,汉景帝登基后首先便收拾邓通,硬是活活饿死了邓通。

汉文帝爱了所有人,而所有人似乎只考虑了自己的利益。周勃也好,窦太后也罢,甚至连他的接班人也是如此。所以一味地付出,没有锋芒的善良,最终受伤的只是自己。

第五节　废立太子的汉景帝

汉景帝有 14 个儿子,分别由 6 个女人所生。在开枝散叶这件事情上,他超过了父亲汉文帝和爷爷刘邦,而且他更幸运,他的儿子无一意外死亡,除了一个自杀外,其余基本都是善终。

汉景帝的这 14 个儿子分别是:

栗姬生子 3 人,为临江闵王刘荣、河间献王刘德、临江哀王刘阏;程姬生子 3 人,为鲁共王刘余、江都易王刘非、胶西于王刘端；贾夫人生子2人，为赵敬肃王刘彭祖、中山靖王刘胜；唐姬生子1人，为长沙定王刘发；王皇后生汉武帝刘彻1人；王夫人生子4人，为广川惠王刘越、胶东康王刘寄、清河哀王刘乘、常山宪王刘舜。

这里有2个儿子是十分特别的，一个是老大刘荣，一个是老十刘彻。汉景帝登基第四年立刘荣为太子，在第七年废掉了刘荣。刘荣是夏天被立的太子，冬天被废，所以勉强算是做了四年太子。刘荣太子之位被废后，贬为临江王，没多久就被诬告，在狱中自杀，他是唯一没有善终的儿子。次年，也就是汉景帝登基的第八年，立王娡为皇后，同年立刘彻为太子，也就是后来的汉武帝。为什么刘荣会被废掉？为什么排在相当后面的刘彻会越级继位？是天意，更是人为。

背后操作这件事情的有三个女人：栗姬、王娡和馆陶长公主。栗姬是刘荣的母亲，王娡是刘彻的母亲，这两个女人都是汉景帝的妃子，同时也是竞争对手。馆陶长公主是汉景帝的姐姐。汉景帝原来是有皇后的，是奶奶薄太后给他指定的婚姻，奶奶去世后，他立马就把皇后废了，而且一直没有再立皇后，甚至立了太子都没有立皇后。

汉景帝登基后，就遇到了非常棘手的问题，吴楚七国开始跃跃欲试，挑战朝廷。汉景帝刚刚继位，血气方刚，也是准备大干一场的，就选择了和吴楚等国动武。

所以前期汉景帝主要的精力是应对吴楚七国之乱,从筹备战争到战争结束,四年就过去了。这个时候,汉景帝才有精力来处理后宫的事情,开始立太子。汉景帝还是比较保守的,所以选择立老大刘荣为太子。这是最公平,也是最安全的选择。

按理说,只要刘荣不犯错,一切就正常进行了。但是汉景帝是什么样的人呢?睚眦必报,无论对谁。有一次汉景帝生病,自己感觉快不行了,赶忙把栗姬拉过来交代后事,主要意思就是:一旦我驾崩,太子继位,你就是太后,这个时候你千万不要为难其他妃子,更不要为难我的其他儿子。没想到,栗姬直接无视汉景帝的请求。汉景帝就默默把这个仇给记下了。《史记·外戚世家》是这么描述的:"景帝尝体不安,心不乐,属诸子为王者于栗姬,曰:'百岁后,善视之。'栗姬怒,不肯应,言不逊。景帝恚,心嗛之而未发也。"

为什么汉景帝这么在意这个事情呢?因为有前车之鉴。前面的吕后,差点把刘家斩草除根;后面的窦太后,把不是自己生的全部斩草除根。这两个女人都是榜样。所以你可以想想汉景帝当时的心情,他的14个儿子,除了栗姬生的3个外,还有11个呢!他一旦驾崩,看着栗姬这个态度,斩草除根几乎是肯定的了。

幸好汉景帝没多久就康复了,康复之后,就开始思考这个事情怎么处理。只要皇帝有了心思,其他人就有机会。这个机会被两个女人看到了，一个是馆陶长公主，一个是王娡。

馆陶长公主作为汉景帝的亲姐姐是有政治野心的，她看到了母亲窦太后在朝中的影响力，自己也想享受这个权力，那只有一个办法，就是联姻，和弟弟家紧密地绑在一起。馆陶长公主有一个女儿叫陈阿娇，馆陶长公主原本想把陈阿娇嫁给太子刘荣做皇后。按理说这也算更加坚固了太子的地位，刘荣是没有理由拒绝的。但这种好事，竟然被刘荣的母亲栗姬拒绝。馆陶长公主和汉景帝一个性格，都是有仇必报，所以栗姬和馆陶长公主的仇也结下了。

馆陶公主对付栗姬的目的不仅仅是报仇，她的终极目标是要让女儿成为皇后。所以她必须物色好下一个人选才能出手，于是她把目光锁定在了势力最为单薄的王娡身上。有一次，馆陶长公主抱着才5岁的刘彻玩，然后问他喜欢姐姐陈阿娇吗？刘彻赶快回答姑姑："要是姐姐能够嫁给我，我要用金子给她造一个房子。"这个回答，直接让姑姑馆陶长公主十分满意。这就是金屋藏娇的故事。说这些话的时候，太子还是刘荣，刘彻还是胶东王。从王到太子之间还有遥不可及的距离呢！

不管别人信不信刘彻会做太子，王娡是坚信不疑的。因为王娡本身就是个传奇。王娡原本是一个非常普通的家庭妇女，她跟着汉景帝之前就已经嫁人生子

了。有一天,王娡的母亲遇到一个算命的,算命的说你的女儿贵不可言,老太太一听,说我有两个女儿,到底是哪个女儿。算命的说是大女儿,但是老太太讲大女儿都已经嫁人了,外孙女都有了,女婿也是普通得不能再普通的人,怎么可能是贵不可言呢?算命的也不想和她理论。回家后,老太太思来想去还是选择相信,万一是真的呢?于是把大女儿王娡接回家中,把事情一五一十给她讲了一遍,没想到王娡也相信自己贵不可言。既然统一了思想,那就干吧!王娡立刻和老公"离婚",女儿也不要了。这边母亲也准备了些财物打点当时还是太子的刘启家的管家,顺利把王娡送到了太子府,剩下的路就靠王娡一个人走了。

  王娡一个人在太子府,努力表现自己,别人不愿意干的活自己抢着干,别人不屑于的机会自己全力以赴抓住。终于引起了太子刘启的注意,慢慢又抓住了刘启的心。很快得到了刘启的临幸,一年后就生下了一个女儿。之后,王娡又生下2个女儿,后来第四次怀孕,这一次,终于生了个男孩,就是刘彻。

  更为关键的是,刘彻出生的那一年,汉文帝驾崩,汉景帝继位,所以汉景帝认为刘彻是他的吉祥物,特别喜欢这个儿子。

  尽管王娡有了儿子,地位高了,但是刘彻也仅是众多儿子中的一个。况且太子之位按照顺序怎么轮都轮不到刘彻,这几乎是不可能的事情。

现在王娡看到馆陶长公主抛来橄榄枝,她当然毫不犹豫地抓住。自此,王娡就不停教育儿子,你要喜欢姐姐,将来一定要娶姐姐。所以,当馆陶长公主抱起刘彻的时候,刘彻就顺着母亲所教的表达了自己对姐姐的喜爱之情。

时机成熟了,现在就需要一个机会进行反攻。有时候机会是要等待,但是更多的是需要自己创造的。王娡已经等不及了,她决定来个临门一脚。王娡偷偷找到一个大臣,让他上书皇帝,请立刘荣的母亲为皇后,因为立了太子,然后又立皇后也是顺理成章的事情。但是大臣哪里知道后宫发生的事情呢?所以这个大臣就傻乎乎地递交了奏折,请立栗姬为皇后。汉景帝刚刚重病康复,对栗姬正在气头上,所以立马斩了这个大臣,回宫后气都还没有消,于是立马下旨又废了刘荣的太子之位。王娡的这临门一脚是真准。

太子已经废了,王娡总不能直接让汉景帝立自己的儿子为太子吧!况且还有这么多大臣,还有窦太后活着,就算是立刘彻,汉景帝一个人也做不了这个主。

所以接下来的工作就是馆陶长公主的了,馆陶长公主首先是搞定自己的老妈——窦太后。窦太后私心很重,原本是希望汉景帝做完皇帝后,把位置传给弟弟做,结果被大臣否定了。现在馆陶长公主说不仅可以把皇

位传给窦太后的孙子,外孙女还是皇后,窦太后就强力支持了。窦太后其实不是特别认可刘彻的,但她是真心爱她的女儿馆陶长公主,所以死后,把全部的财产都给了馆陶长公主。这最难的一关过了,接下来就是说服汉景帝。王娡充分发挥自己的优势,表忠心不伤害其他妃子,不伤害其他王子,再一次俘虏了汉景帝的心。大臣们一看形势明朗了,也就顺势站队支持刘彻。

我们很难评价汉景帝更换太子是否正确,但是这样做至少避免了其他王子非正常死亡的可能。从一个父亲的角度来看,他是正确的,至少他的爱是有原则的,当你不能照顾其他兄弟姐妹的时候,你就不适合做接班人。结果,王娡确实没有为难其他妃子和王子,汉武帝也没有杀害一个兄弟。

第六节　难过美人关的汉武帝

"北方有佳人,绝世而独立。一顾倾人城,再顾倾人国。"这是李延年写的歌词,目的就是把自己的妹妹引荐给汉武帝。汉武帝听了之后果然中招,一下就喜欢上了李延年的妹妹。

这位李妹妹有两个哥哥,一个是善于写歌谱曲的李延年,还有一个是不学无术的李广利。汉武帝太喜欢李妹妹了,爱屋及乌,于是把李延年召入宫中专门写歌谱曲,把不会写歌的李广利放入军中当将军。李延年到了宫中,凭着自己的文采开始祸乱后宫,勾引汉武帝的夫人,汉武帝一气之下把李延年给砍了。这下李妹妹就伤心了,汉武帝安慰她,说你不是还有一个哥哥李广利吗,我让他立军功,给他封侯。于是,李广利正式走上历史舞台。

公元前 104 年,汉武帝派李广利出征大宛国,封李广利为贰师将军,率六千骑兵和数万步兵去讨伐大宛国。为什么要派李广利去出征大宛国呢?一是大宛国有良马(汗血宝马),"宛有善马在贰师城,匿不肯与汉使"(《史记·大宛列传》)。汉武帝喜欢宝马,派出使者过去买,大宛国非但不卖反而把大使给杀了,汉武帝非常生气。二是情报显示,大宛国军事实力很差,只需要三千骑兵就能拿下。这个情报是这样推断出来的,"诸尝使宛姚定汉等言宛兵弱,诚以汉兵不过三千人,强弩射之,即尽虏破宛矣。天子已尝使浞野侯攻楼兰,以七百骑先至,虏其王,以定汉等言为然"(《史记·大宛列传》),姚定汉曾经出使大宛国,对这个国家还是有所了解的,他认为只需要三千骑兵就足够拿下大宛国。汉武帝也是深信不疑,因为浞野侯赵破奴刚刚用七百骑兵攻下了楼兰国,甚至直接把国王都捉拿了。综合以上两点,汉武帝决定把这立功的机会给自己的大舅哥李广利。但是姚定汉和汉武帝的推论有一个前提,即这个将

领有领兵打仗的能力,但遗憾的是,李广利并不具备这个能力。

李广利也认为这是个千载难逢的机会,轻而易举就能拿下大宛国。于是就带着队伍浩浩荡荡出了玉门关,结果出关之后他连水都找不着,更别说食物了。好不容易碰到个国家,人家根本就不给大军提供食物,那就只能攻城,结果这一万多人连稍微大点的城池都打不过,只能掠夺个小城堡,食物仅仅能维持几天,就得赶快离开。就这样行军,到了郁成,一万多的军队已经只剩下几千人了。攻打郁成时大军又死伤数千人,关键这时还没有到达大宛国的都城——贰师城呢!李广利和大家商量,认为凭他们现在的实力,估计到了贰师城,也是攻不下来,干脆先回去吧。于是李广利就这样带着大家又回去了。回到玉门关时,剩下士兵不足出发时的1/5。其实李广利就是带着大家"旅游"了一圈,然后就死了4/5的人,可见他几乎不具备带兵打仗的能力。

回去时,李广利就给汉武帝写信说:"道远多乏食。且士卒不患战,患饥。人少,不足以拔宛。愿且罢兵,益发而复往。"(《史记·大宛列传》)李广利恬不知耻地把失败归结为粮草不够,不是他们不能打,也不是他们不愿意打,主要是没有粮食了。汉武帝得到消息后,十分生气,然后发了道命令"敢入者辄斩之",意思是只要李广利敢踏入玉关就直接砍了。吓得李广利只能在玉门关外苦等汉武帝的发落。

随后汉武帝又准备了6万士兵,近10万随从,10万头牛,3万匹马,数万头骆驼,统统给李广利送了过去。这次行军就容易了很多,不仅携带的物资充足,连路过的小国都主动示好,所以根本不缺吃喝,但就是这样,到了大宛国的贰师城,李广利的军队也只剩下3万人。

总算到了贰师城,3万人把城围了个水泄不通,结果硬是打不进去,打了40多天,仅仅攻下了外城。最后还是城里的人出来和谈了,说都满足你们的条件,你们就退兵吧。李广利一想反正也打不进去,干脆就同意和谈。最后的结果就是李广利带回几匹汗血宝马、数千匹好马回去交差了。也就是说,到了最后,李广利都没有能踏入贰师城一步。"终不得入中城。乃罢而引归。"(《史记·大宛列传》)

第二次回到玉门关,十几万的人马,只剩一万多人。这些士兵不是战死的,而是饿死的,将领们把他们的口粮都贪污了。"军入玉门者万余人,军马千余匹。贰师后行,军非乏食,战死不能多,而将吏贪,多不爱士卒,侵牟之,以此物故众。天子为万里而伐宛,不录过,封广利为海西侯。"(《史记·大宛列传》)李广利如此行为,汉武帝仍然给李广利封了海西侯。

汉武帝为什么这么信任李广利?不是他对李广利

有信心,而是汉武帝对自己有信心。因为卫青和霍去病都是汉武帝发现并调教的,这时候的卫青和霍去病都已经去世了,所以汉武帝有信心再培养一个卫青或者霍去病,那么李广利就是最合适的人选。所以到底是汉武帝成就了卫青和霍去病,还是卫青和霍去病成就了汉武帝呢?我觉得李广利就是最好的例子,即便汉武帝把最好的都给李广利,李广利也完不成汉武帝的心愿。

公元前99年,汉武帝再次重用自己的大舅哥,让李广利率领3万骑兵出击匈奴,从酒泉出发袭击右贤王。"汉使贰师将军广利以三万骑出酒泉,击右贤王于天山,得胡首虏万余级而还。匈奴大围贰师将军,几不脱。汉兵物故什六七。"(《史记·匈奴列传》)这段记录显示李广利带着3万骑兵首先杀敌1万多,然后又被包围,结果己方损失7/10,也就是最后李广利的军队从3万人损失到9 000多人。

公元前97年,汉武帝再次重用李广利,这次给他6万骑兵,10万步兵,从朔方出发。另外再派出3位将军领着近10万人马配合李广利,争取再打一次漠北之战,汉武帝心想在自己的晚年再辉煌一次。结果汉武帝很快就被李广利"打脸"了。"单于以十万骑待水南,与贰师将军接战。贰师乃解而引归,与单于连战十余日。贰师闻其家以巫蛊族灭,因并众降匈奴,得来还千人一两人耳。"(《史记·匈奴列传》)李广利率领16万人马和匈奴的 10 万大军连战十天十夜，最后连人带马一起投降匈奴了。最后留了几百人回来给汉武帝报丧。

　　李广利投降匈奴的这一年离汉武帝驾崩还有十年，汉武帝最后执政的十年更是稀里糊涂，没有一件政绩拿得出手，更没有力量去对抗匈奴。自从汉武帝重用李广利之后，汉朝就正式滑向深渊，越是重用李广利，汉朝滑向深渊的速度就越快。随着李广利的背叛，汉朝也算正式触底。

第四章

有效沟通的关键

第四章 有效沟通的关键

言善信，直观的解读就是：讲话要善于取信对方。水可以随圆就方，装在圆形的容器里就变为圆的，装在方形的容器里就变为方的，而且没有一丝缝隙；但是水的本质又是不变的，无论处在什么容器中，水永远是水。水的这种特性非常值得我们学习，人与人之间的沟通就应该学会换位思考，要站在对方的角度来看待问题，用对方喜欢或者可以接受的方式来沟通，但同时我们也要坚持自己的原则和立场，不能一味讨好对方而忘记了初衷。

刘邦就是换位思考的高手，他总是能精确地知道对方想要什么；项羽自矜功伐，常常以自我为中心，从而忽视了他人；吕后能屈能伸，面对不同身份的人表现不同，一直很有分寸；汉文帝待人真诚，不拘小节，但面对能够威胁到自己生命和位置的人，哪怕他再仁慈也会痛下杀手；汉景帝善权术，甚至将之用在亲人身上，造成不少悲剧；汉武帝成就了汉王朝强盛的局面，但也造就了他后期说一不二的性子，也为汉朝的衰败埋下祸根。

第一节　善于换位思考的刘邦

生活中我们经常碰到说话尖酸刻薄，而且喜欢当众嘲笑别人的人，我们通常会认为这种人情商太差，不会跟他计较。有时候这类人说话说话尖酸刻薄就是看不起你，不是他情商差，恰恰相反，他的情商极高，沟通能力极强，只是他不屑和你沟通而已。刘邦就是这样的人。

比如刘邦做亭长的时候，非常喜欢嘲弄同事，和同事相处得并不愉快。为什么呢？并不是刘邦沟通能力太差，而是他真的看不起那些同事。刘邦从骨子里认为自己不是凡夫俗子，甚至认为自己是真命天子，秦始皇东游他就躲到山里，可见他对自己将来的尊贵身份是深信不疑。"高祖即自疑，亡匿，隐于芒、砀山泽岩石之间。"（《史记·高祖本纪》）

刘邦的沟通能力非常厉害，且十分善于换位思考。比如在楚汉战争时期，刘邦和项羽对峙在荥阳，战事处于胶着状态，项羽实在没有办法了，只好把人质——刘邦的老爹拉了出来，绑在一口大锅的上面，威胁刘邦再不出来应战，就把他爹煮了。换做其他人可能马上乱了阵脚，但是刘邦就是刘邦，马上把皮球踢给了项羽，说："想煮就煮吧。我俩拜过兄弟，我爹就是你爹，到时候记得给我留一碗汤。""吾与项羽俱北面受命怀王,曰'约为兄弟',吾翁即若翁,必欲烹而翁,则幸分我一杯羹。"(《史记·项羽本纪》)这就是换位思考,刘邦这一做法搞得项羽煮就是不仁不义,不煮又放不下面子,最后在项伯的劝说下只好放弃。很多人说这是耍无赖,认为项羽是真英雄,刘邦是真小人。我们要客观评价,刘邦从来不抓人质,更不会用人质来要挟对手,甚至到了项羽战败,刘邦对他的家族成员也一个没杀。

不仅如此,刘邦用的人也非常善于换位思考,沟通能力很强。可以这么说,一张嘴有时候真的胜过千军万马。比如刘邦的得力说客,郦食其和陆贾。

郦食其是刘邦的一个随身参谋,类似陈平的角色,只不过名气没有陈平大。但是他对汉朝的贡献一点都不亚于陈平。郦食其将近60岁的时候才遇到了刘邦,在这之前,郦食其也见了很多起义领袖,觉着这些人很难成事。

郦食其在刘邦身边,要么出谋划策,要么出使诸侯。郦食其最大的一次贡献也是最后一次贡献是说降齐国七十个城池。在刘邦和项羽对峙在荥阳难分难解的时候,谁都看不到未来,刘邦也只能天天唉声叹气,感叹国家动荡不安,百姓民不聊生,真心希望战争早日结束。但是在这种情况下,想结束战争必须依靠实力,争夺诸侯的支持才是王道。这时候韩信接连攻下了魏国、赵

国、燕国，北方就只剩下最大的齐国了，于是刘邦就派郦食其去说服齐王支持自己。

郦食其说服的方法非常简单，就是罗列大量的事实来贬低项羽，抬高刘邦，然后再进行严密的逻辑推理，最后提出自己的观点主张，关键是这个观点还是为齐王着想的。

> 项王有倍约之名，杀义帝之负；于人之功无所记，于人之罪无所忘；战胜而不得其赏，拔城而不得其封；非项氏莫得用事；位人刻印，刓而不能授；攻城得赂，积而不能赏。天下畔之，贤才怨之，而莫为之用……王疾先下汉王，齐国社稷可得而保也；不下汉王，危亡可立而待也。（《史记·郦生陆贾列传》）

经过这一套逻辑严密的劝说，齐王田广终于同意投资刘邦。为了表示诚意，田广甚至撤除了与赵国接壤的城池的驻军和战备，因为当时赵国已经是刘邦的地盘了。然后又好酒好菜招待郦食其，让他回去后多多向刘邦美言自己。就是在这种情况下，韩信带着军队从赵国出发，突然袭击齐国，迅速攻占齐国的边界城池，然后一路向东推进。田广认为这是郦食其出卖了自己，先过来麻痹自己，然后再突然攻击，所以非常生气，就把郦食其抓了起来，对他说："你要是让韩信退兵，我就饶你不死；否则，我就煮了你。"其实郦食其真不知道韩信会突然袭击,因为他出发前刘邦并没有交代还有韩信这档子事,而刘邦也没有想到郦食其会进展这么顺利,所以就在这个过程中,刘邦又给韩信下了攻击齐国的命令。事情就是这么阴差阳错了,但是只能牺牲郦食其了。当郦食其意识到这个情况后,他不可能去阻止韩信的,所以郦食其选择了英勇就义。

郦食其没有恐惧吗?他真不怕死吗?没有一个人不怕死,只是郦食其知道牺牲他一个人,可以避免死亡更多的人,可以大大缩短战争的时间。郦食其这是把自己换位到了天下人的位置,他知道天下人希望和平,安居乐业。所以他理性选择死,选择让战争快点结束,国家快点统一。

陆贾与郦食其一样,也是刘邦身边的谋士,不过陆贾的性格更像陈平,所以他和陈平走得很近。实际上,陆贾不仅和高层关系紧密,而且他"三教九流"都有朋友。陆贾一生的功绩主要是两次出使南越。

刘邦晚年感觉自己时日无多,身边的这几个"刺头"(韩信、彭越、英布等)也快收拾完了,国内基本可以平稳交接给太子。但是南边还有一个南越国,这个国家虽然偏僻,而且百姓主要是蛮夷,但是掌权的是中原人赵佗,不仅如此,赵佗的手上还有数十万前秦的军队。如果不及时处理,迟早会危害国家稳定。

于是在汉高祖十一年,即刘邦去世前一年,刘邦派

陆贾出使南越国。刘邦的意思是最好通过外交手段让南越国称臣,作为汉朝的一个藩属国,纳不纳贡不重要,至少大家先和睦共处,互不干扰。这是陆贾出使的基本指导思想,具体就看他如何发挥了。

赵佗本是河北真定人,是秦始皇派出征服南越地区大军中的一员副将,在主帅去世之后,他就封锁了南越通往中原的要道,在南越地区称王。赵佗的实际控制区域还是非常大的,相当于今天的广东广西,以及贵州南部,甚至包括越南的中北部地区。只不过那时候这些地方确实非常落后,要么没有掌握冶炼铁器的技术,要么没有找到可以冶炼的铁矿石,因为赵佗在和长沙王的贸易交往中,铁器是主要交易品,后来因长沙王中断交易,双方还引发了战争。

就算南越不发达,赵佗也是实实在在的王,而且拥有绝对的权威。所以赵佗接见陆贾的时候,光着头,两只脚叉开,十分不注重形象。"陆生至,尉他椎髻箕倨见陆生"(《史记·郦生陆贾列传》),可见赵佗是一点礼节都没有给陆贾,明显就是给陆贾下马威。然后陆贾就对赵佗进行游说:"听说你是中原人,也是知道中原的礼节的,你这个样子,我看啊,马上要大祸临头了!你听说过项羽吧,西楚霸王,力拔山兮气盖世,巨鹿之战横扫秦国精锐,所有诸侯都得听从项羽。但是刘邦仅仅用了5年时间,就打败了项羽,统一了所有诸侯。你以为这是人力能办得到的吗？绝对不是，这是天命，刘邦是真正的天子。本来将领们要来攻打南越的，仁慈的刘邦认为天下兵戈这么久，不要劳民伤财，让我先来劝劝您，如果您能做汉朝的藩属国，一切都好；如果不能，那么十万大军随时恭候。你这个样子，我估计我是白来了。"赵佗一听，马上把脚放了下来，把身子坐正，正式向陆贾道歉，"于是尉他乃蹶然起坐"（《史记·郦生陆贾列传》）。

只要能够平等对话，气氛就活络了。私下里赵佗就问陆贾："你觉得我和你们的萧何、曹参、韩信相比，谁更厉害？"陆贾总要拍下马屁的，就说："当然是你厉害啊！"没想到赵佗是下套子，然后他又接着问："那你觉得我和刘邦谁更厉害？"这个问题不能轻视，弄不好要么是谤君之罪，要么直接在这里掉脑袋。陆贾就认真回答："中原沃野千里，人口数以亿计；而这里都是穷山恶水，人口最多也就几十万，不超过百万。这两者根本就不在一个层级，不能比。"好像是回答了，也好像什么都没有回答。赵佗听后就自言自语："我当时要在中原，难道我还不如刘邦吗！"然而赵佗是自言自语，不是问句，陆贾权当没有听见，也懒得再接他的话。

赵佗既然愿意做藩属国，陆贾的任务也算圆满完成，于是就动身回去。临走前，赵佗给了陆贾几麻袋的宝物，价值几千金。"赐陆生橐中直千金，他送亦千金"（《史记·郦生陆贾列传》），不知道是朝贡汉朝的还是给

他个人，反正陆贾最后都搬回家了。陆贾有5个儿子，每个儿子分了两百斤金，自己还留了一部分养老，还养了一帮歌姬给自己跳舞，每年到每个儿子家住10天，就这么潇洒地活着。

刘邦去世之后，吕后当权，陆贾一看形势不太好，便主动辞职，天天串门喝酒。今天到周勃家，明天到陈平家，甚至也会去吕后的大管家审食其家。辞职后的陆贾眼中没有政治派系，跟谁都玩。直到汉文帝继位后，南越王赵佗也在南方称帝了，于是汉文帝让陈平推荐一位使者出使南越，陈平又推荐了陆贾。

赵佗称帝是偷偷摸摸的，因为汉文帝继位后，向各个诸侯国都曾派出信使进行告知，结果信使回来报告说，南越赵佗自己也当皇帝了。这下朝廷很尴尬，汉文帝就开始发怒，陈平和周勃也不敢吭声，实际上他们可能也不知道。但是汉文帝一直的政策是怀柔天下，就是用老子的思想，以退为进，柔弱胜刚强。所以他赶紧派人把赵佗的祖坟修葺一番，然后又让赵佗的堂兄弟做官。同时让陆贾出使南越，任务还是让赵佗称臣，继续做藩属国，把皇帝的称号去掉。

赵佗见到陆贾就知道来者不善，马上表示他并不是真的要反，而是实在无聊闹着玩的。还为他的行为找证据，如"且南方卑湿，蛮夷中间。其东，闽越千人众号称王；其西，瓯骆裸国亦称王"（《史记·南越列传》）。而且吕后执政期间不仅不搭理他，还让长沙王关闭他们之间的贸易，完全把他当外人；他还听说吕后把他们家的祖坟都刨了，这不是明摆着欺负人！赵佗说得声泪俱下，表演完之后两人进入正题。赵佗表示立即撤去帝号，继续向汉朝称臣。不管是不是真心不称帝，至少陆贾可以圆满完成任务了，汉朝保住了面子，人民免受战争侵扰。

赵佗一直活到汉武帝执政的第四年，硬生生熬死了刘邦、吕后、汉文帝和汉景帝，在古代算是长寿，这与他灵活的性格分不开。陆贾出使南越并不是没有风险，尤其是第一次，当时汉朝还是比较虚弱的，根本没有力量攻击南越；第二次出使南越，更有风险，毕竟赵佗都自称皇帝了，人往上走可以，你让他下来这是相当难的。但是陆贾都办到了，而且还保全了自己的性命。赵佗去世后，到了他孙子那一代，权力被架空，汉朝派使者过去斡旋，带着两千人，还没有走到广州城，汉使就被南越杀了个精光。危险一直都在，只是厉害的人知道怎么能避开危险并完成任务。

同样是儒生，同样是刘邦的谋士，为什么郦食其完成了任务却失去了生命，陆贾不仅完成任务还能保全自己，顺便还能赚取财富呢？或许与两人的读的书不太一样有关，郦食其可能饱读儒家经典，培养了杀身成仁的精神；而陆贾可能还读了道家经典，不仅要完成任务还要保全性命。当然完成任务的思路和方法也不一样，陆

贾更灵活多变、更善于变通。

刘邦通过沟通救了自己的父亲，郦食其通过沟通拿下了齐国，陆贾通过沟通和平解决了南越国，可见沟通能力很重要，小可保命大可治国。而换位思考则是沟通的核心，想让对方认可，必须学会站在对方的角度来思考。

第二节　"钢铁直男"的项羽

如果说刘邦像水一样，能够随圆就方，随时可以变换自己的形状而且还能保持自己的本色不变；那么项羽就是宁折不弯、坚硬无比、直来直去，可惜就是没有韧性。

从三件事情上可以看出项羽和刘邦的差距是天壤之别。

第一件事情还是在鸿门宴上，刘邦见到项羽，不顾自己年龄比项羽大近 20 岁，也不顾几个月前两人还并肩作战，刘邦能够立马弯下腰向项羽称臣，关键言语还是那么诚恳。项羽立刻就被刘邦的花言巧语给迷惑了，随口就说："此沛公左司马曹无伤言之；不然，籍何以至此。"（《史记·项羽本纪》）如果这句话真是项羽讲的，不是司马迁杜撰的，那么项羽的外交沟通能力实在太缺乏了。怎么能一上来就出卖想过来投靠你的人呢？关键是这个人还没有真正过来投靠。另外，项羽把责任推给曹无伤，不是更显得他没有主见吗？刘邦回去后，立马就斩了曹无伤。曹无伤是刘邦的老乡，一开始就跟着刘邦，和雍齿一样，都是嫡系，而且曹无伤的官职一直是左司马，前期作战也非常勇猛。能伤害你的人往往就是你身边的人，刘邦算是彻底看清了人性，所以这一次，谁求情都没有用，曹无伤非死不可。如果不是项羽亲自作证，而是其他人讲曹无伤勾结项羽，估计刘邦还会犹豫。

第二件事是楚汉战争期间，刘邦和项羽在荥阳对峙。项羽一直想速战速决，先把刘邦的老爹绑起来要挟刘邦，刘邦不上当，项羽计划失败。接着项羽开始到两军阵前喊话："天下匈匈数岁者，徒以吾两人耳，愿意汉王挑战决雌雄，毋徒劳天下之民父子为也。"（《史记·项羽本纪》）很多人讲项羽是真英雄，不忍心天下百姓承受战争之苦，愿意以一人之身化解干戈。我们看动物世界，会发现狼、狮子等大型野兽确实是这样，两个族群斗争，只需要两位头领出来决斗就可以了，败的一方损失的只是一个头领，其余的不受拖累，然后并到胜利的一方。但是人类毕竟不同于动物，人类有武器，有思想，有社会分工，所以人类的战争也不同于动物的争斗。人类争夺的是民心，不是武力，武力争取不到民心。从这个角度来看，项羽的思想觉悟始终没有提升。项羽的错误就在于坚信武力可以打败秦朝的军队，但始终没有征服

秦朝的民心，尤其是坑杀20万秦军，进入咸阳又杀死投降的秦王子婴，最后又火烧秦宫殿。难怪秦人骂他："人言楚人沐猴而冠耳，果然。"(《史记·项羽本纪》)意思就是项羽没有文化，只知道抢金银财宝，把文化古籍都烧了。如果说秦始皇焚书留下了一些农业、医药等类书籍，那么项羽烧的就是所有。项羽听到这种话，当然表示不服，那怎么办呢？于是把说这个话的人直接烹杀了，一劳永逸。所以项羽提出在两军阵前主将对决也非常符合他的性格，但是刘邦对自己的定位根本就不是主将，而是天下王。所以刘邦不可能出来应战，当然他可能也打不过项羽。

刘邦说道：

> 始与项羽俱受命怀王，曰先入定关中者王之，项羽负约，王我于蜀汉，罪一；项羽矫杀卿子冠军而自尊，罪二；项羽已救赵，当还报，而擅劫诸侯兵入关，罪三；怀王约入秦无暴掠，项羽烧秦宫室，掘始皇帝冢，私收其财物，罪四；又强杀秦降王子婴，罪五；诈坑秦子弟新安二十万，王其将，罪六；项羽皆王诸将善地，而徙逐故主，令臣下争叛逆，罪七；项羽出逐义帝彭城，自都之，夺韩王地，并王梁楚，多自予，罪八；项羽使人阴弑义帝江南，罪九；夫为人臣而弑其主，杀已降，为政不平，主约不信，天下所

不容,大逆无道,罪十也。吾以义兵从诸侯诛残贼,使刑余罪人击杀项羽,何苦乃与公挑战!

(《史记·高祖本纪》)

刘邦的回怼有理有据,逻辑分明,层层递进。

第三件事是项羽在最后时刻的求救信,这封信是写给曾经的部下,如今的齐王韩信的。项羽得知自己最得力的干将龙且竟然被一个无名小卒给杀了,而且这个无名小卒还是自己身边曾经的部下,所以就想写信拉拢一下。都这个时候了,项羽还是高高在上,我们看看项羽是怎么写的:

> 天下共苦秦久矣,相与戮力击秦。秦已破,计功割地,分土而王之,以休士卒。今汉王复兴兵而东,侵人之分,夺人之地;已破三秦,引兵出关,收诸侯之兵以东击楚,其意非尽吞天下者不休,其不知厌足如是甚也!且汉王不可必,身居项王掌握中数矣,项王怜而活之;然得脱,辄倍约,复击项王,其不可亲信如此。今足下虽自以与汉王厚交,为之尽力用兵,终为之所擒矣。足下所以得须臾至今者,以项王尚存也。当今二王之事,权在足下:足下右投则汉王胜,左投则项王胜。项王今日亡,则次取足下。足下与项王有故,何不反汉与楚连和,三分天下王之?今释此时,而自必与汉以击

楚,且为智者固若此乎!(《史记·淮阴侯列传》)

要不说项羽不会沟通呢!从这封信上就可以看出。项羽信中讲的都是事实,预测也很准确,但是项羽此时不是一个谋士,而是要搬救兵,要争取韩信的支持。所有的努力都是为了让韩信选择帮他。

在这封信中,项羽唯一的诚意就是打败刘邦后,承诺他们一起称王。但是韩信此时已经算是有实无名的齐王了,即便韩信不是王,他手中握着几十万精兵,也没人能奈何得了他。

信中的另外一个败笔就是叙旧。项羽明明知道韩信跟着他三年,从未得到什么赏赐,要战功没战功,要官位没官位。此时项羽应该做出深刻的自我检讨,承认自己有眼无珠,有眼不识泰山,希望韩信再给一次机会。然后立刻封韩信为真齐王,让他地盘再扩大一半,让信使直接把印章和地图一并送过去,才显得诚意满满!然而项羽什么都没有做,或者根本就不屑于这么做。这是他和刘邦的根本区别,如果换作刘邦,这整套动作肯定会如行云流水般完成。记得鸿门宴前项伯来找张良通风报信,刘邦看到项伯后立马结为亲家,这关系比结拜兄弟还亲近。当你请求人家,身家性命都在人家手上,还有什么值得高傲的呢?但是项羽就是转不过这个弯,宁死不折。我们看下韩信是怎么回复项羽的:

臣事项王,官不过郎中,位不过执戟,言不听,画不用,故倍楚而归汉。汉王授我上将军印,予我数万众,解衣衣我,推食食我,言听计用,故吾得以至于此。夫人深亲信我,我倍之不祥,虽死不易。幸为信谢项王!(《史记·淮阴侯列传》)

信中韩信再次"忆苦思甜"。既然项羽不愿意回忆当时,那他就帮忙回忆:当初你就是有眼无珠,我天天给你提建议,你是一次都不采用;你看看刘邦是怎么待我的,过去就给我上将军印,让我领兵数万,还把我当兄弟看,简直就是我的再生父母!希望你好自为之吧!此次求救项羽算是自取其辱。

从这三件事情,可以明显感觉项羽的沟通能力很差,和刘邦完全不在一个层级。所以沟通能力和读书的多少没有必然的关系,和一个人的内心格局息息相关。当你心怀天下的时候,你讲话的起点就不一样,讲话的水平也就高下立判。

第三节　一哭二闹三上吊的吕后

哭代表了示弱,表示自己已经很悲惨了,经不住再次打击了,愿意臣服对方,在这种情况下,对方大概率会放过自己。这就是老子提出的"柔弱胜刚强",吕后深知

其中的精髓,而且屡试不爽。

一、吕后两次表演一哭二闹三上吊

平城之战中,刘邦被匈奴围困在白登山七天七夜,叫天天不应,叫地地不灵,最后用陈平的计谋,给匈奴送去大量金银财宝才得以脱身。在这之后,匈奴更加猖獗,常常骚扰边境,让边地百姓苦不堪言,让刘邦头疼不已。

刘邦就问大臣刘敬有什么好办法,刘敬认为:天下初定,士兵也很疲惫,大规模战争非常不利;匈奴又不信"仁义"这一套,给他们讲道理也不行,只能做长远打算。刘邦又问怎么个长远打算?刘敬说:"陛下诚能以適长公主妻之,厚奉遗之,彼知汉適女送厚,蛮夷必慕以为阏氏,生子必为太子,代单于。何者?贪汉重币。陛下以岁时汉所余彼所鲜数问遗,因使辩士风谕以礼节。冒顿在,固为子婿;死,外孙为单于。岂尝闻外孙敢于大父抗礼者哉?兵可无战以渐臣也。若陛下不能遣长公主,而令宗室及后宫诈称公主,彼亦知,不肯贵近,无益也。"(《史记·刘敬叔孙通列传》)刘邦听后,为了江山社稷,牙一咬大腿一拍说了一个字:"善",同意让鲁元公主和亲。刘邦确实是舍小家保大家,践行了老子的"受国之垢,是谓社稷主"的思想,但这时候最伤心的是吕后。

而且这时候的匈奴单于名字叫冒顿,是个十恶不赦的混蛋,亲自射死了自己的父亲,又霸占了一群后妈。想用一个女人让这样的人俯首称臣,恐怕是自欺欺人。更狠的是,刘敬还把刘邦的路给堵死了,明确告诉刘邦,不要耍小聪明——把宗室的女儿代替你的大女儿,这样会弄巧成拙,没有效果的。

此时的吕后想把刘敬千刀万剐的心都有了,但是生气归生气,问题总要解决啊!这时候吕后找大臣帮忙也没用,因为没人能想到打败匈奴的办法或者提出比刘敬更好的方法。所以吕后只能找刘邦,日夜啼哭,边哭边念叨:"妾唯太子、一女,奈何弃之匈奴!"(《史记·刘敬叔孙通列传》)又或许吕后以死相逼,又或许刘邦也不忍女儿受苦,反正刘邦最后没有把亲生女儿送出去。"上竟不能遣长公主,而取家人子名为长公主,妻单于。使刘敬往结和亲约。"(《史记·刘敬叔孙通列传》)司马迁用了"竟不能"三个字,可见吕后的态度多么坚决,刘邦实在是没有办法了。最后还是找了宗室的女儿送了出去。

这是吕后第一次对刘邦哭闹,为了儿子还有一次。在刘邦去世前的一年,英布反了,这时的刘邦身体已经很虚弱了,准备让太子领兵去镇压。太子的智囊团认为不能去,有三个原因:一是这些将领未必真的听太子的话,不一定会真心卖命,所以仗未必能打赢。二是即便打赢了,也不会给太子加分。赢了是应该的,万一输了,

太子之位就危险了。三是刘邦已经有了换太子的心，戚夫人天天吹耳边风，大有愈演愈烈之势，这时候让刘邦亲自出征，把刘邦和戚夫人分开才是关键。所以太子的智囊团就把意见反馈给吕后，让她去说服刘邦御驾亲征。吕后见到刘邦后又是一哭二闹三上吊，这三步走完后，刘邦说了句："吾惟竖子固不足遣，而公自行耳"（《史记·留侯世家》），意思是：我早知道这家伙不堪大用，还得我亲自出马。于是刘邦亲自率领大军征讨英布。

皇帝御驾亲征，大臣们要送行啊！张良也拖着病躯送到了霸上，张良趁机建议让太子接管关中的军队，刘邦就同意了，还让张良在家多多辅佐太子。张良看似不经意的一个建议，其实是一步关键的棋，接管了军队，太子就牢牢控制了长安城。

尽管接管了军队，但只要刘邦还活着，太子没有登基，仍然可能会有变数。刘邦平定英布回来后，在戚夫人枕边风的影响下，还是坚持要换太子。在这种情况下，吕后的一哭二闹三上吊肯定没有戚夫人的枕边风杀伤力大，所以吕后决定找帮手。

二、真正的沟通高手绝对不是口若悬河

善者不辩，准确意思应该是：真正厉害的人一定是以结果说话的。

其实在刘邦出征英布前，吕后已经感觉到刘邦要换太子的决心了,但她知道她不是戚夫人的对手,她的这三招无论如何都敌不过戚夫人的耳边风。于是吕后先找到太子的老师叔孙通,让他据理力争,叔孙通当然义不容辞,劝说刘邦:

"昔者晋献公以骊姬之故废太子,立奚齐,晋国乱者数十年,为天下笑。秦以不蚤定扶苏,令赵高得以诈立胡亥,自使灭祀,此陛下所亲见。今太子仁孝,天下皆闻之;吕后与陛下攻苦食啖,其可背哉!陛下必欲废适而立少,臣愿先伏诛,以颈血污地。"高帝曰:"公罢矣,吾直戏耳。"叔孙通曰:"太子天下本,本一摇天下振动,奈何以天下为戏!"高帝曰:"吾听公言。"(《史记·叔孙通传》)

这段对话的大意是:太子这么仁义,吕后还和你同甘共苦,你怎么能换太子呢?你如果坚持换太子,我叔孙通今天就撞死在你面前。刘邦知道这些书生的脾气,所以赶快缓和气氛,说只是开个玩笑罢了。叔孙通赶快"补刀",这么大的事情,你怎么能开玩笑呢?刘邦赶紧解释,以后不会开这种玩笑了。

刘邦确实不开玩笑了,他是真的铁了心想换太子,虽然表面上答应了叔孙通,但是背后的动作并没有停止。吕后一看这招不管用,于是想到了张良,此时似乎只有他能够扭转乾坤。《史记》中记载:

大臣多谏争,未能得坚决者也。吕后恐,不知所为。人或谓吕后曰:"留侯善画计策,上信用之。"吕后乃使建成侯吕泽劫留侯,曰:"君常为上谋臣,今上欲易太子,君安得高枕而卧乎?"留侯曰:"始上数在困急之中,幸用臣策。今天下安定,以爱欲易太子,骨肉之间,虽臣等百余人何益?"吕泽强要曰:"为我画计。"留侯曰:"此难以口舌争也。顾上有不能致者,天下有四人。四人者年老矣,皆以为上慢侮人,故逃匿山中,义不为汉臣。然上高此四人。今公诚能无爱金玉璧帛,令太子为书,卑辞安车,因使辩士固请,宜来。来,以为客,时时从入朝,令上见之,则必异而问之。问之,上知此四人贤,则一助也。"于是吕后令吕泽使人奉太子书,卑辞厚礼,迎此四人。四人至,客建成侯所。(《史记·留侯世家》)

此段大意是:吕后求遍了朝中的大臣,都没有人能改变刘邦的决定,内心一下子就坠入了深渊。在这种情况下,经人指点才想起了张良。然后吕后赶快让她的哥哥亲自出面请教张良。张良其实是不想趟这个浑水的,帮助一方就一定得罪另一方,而且这两方都是皇帝的骨肉,所以很难做。但吕后是不达目的不罢休的,先对张良用激将法:"你看看太子就要换了,你作为臣子还能睡得着?"结果张良根本就不吃这一套,张良回复:"我并没有本事,只是皇帝采用我的计策偶尔灵验了吧,都是凑巧。再说,皇上换太子纯粹是家务事,掌心掌背都是肉,他完全是根据自己的想法来决定的,这种事情外人很难插手。"吕后一听就知道张良不想帮忙,于是开始耍无赖,就说"为我画计",这句话肯定不是吕后的哥哥说的,如果她哥哥敢这样给张良讲话,张良早就下逐客令了。所以一定是吕后亲口说的,意思就是:"我不管那么多,今天这个忙你必须帮。"正是在这种情况下,张良才推荐了商山四皓出来。

那么商山四皓真的很厉害吗?或者比张良还厉害吗?张良为什么会推荐他们呢?有两个原因:一是这四人的知名度非常高;二是刘邦做了皇帝后,一直想请名流出来做官,彰显自己的贤德,但是唯独这四个人不给刘邦面子,非但不给面子还跑到深山隐居起来,这就让刘邦耿耿于怀。基于这两点,如果太子能把这四个人招揽过来,那不就说明太子比刘邦厉害吗?至少在这一点上刘邦是输给太子的。哪个父亲不希望儿子比自己强呢?所以只要做到这一点,对刘邦一定是个冲击,或许就能保住太子的位置。这就是张良的智慧,对人性的洞察。事实果然如张良所料,毫不偏差。

从上面的小故事可以看出吕后的沟通能力虽然一般,但是在关键的重大事件上都达到了自己想要的结

果。无论是对上面的刘邦还是对下面的萧何,吕后都能充分发挥自己的优势,让对方帮助自己。

第四节　逼死亲弟的汉文帝

在上一节提到过"善者不辨"这个词,意思是真正厉害的人并不是口若悬河,而是以结果为导向。这里的"善"字是擅长、善于,是指能力的高低。汉文帝刘恒就是这样的一个人,虽然争论不过陈平和周勃,但是最后把他们治得服服帖帖;虽然嘴上吵不过大臣,但是最后总能把事情圆满解决;更重要的是刘恒也争论不过自己唯一的弟弟——老七刘长,但最后还是让他自取灭亡了,可以说是汉代版的"郑伯克段于鄢"。

刘邦有8个儿子,吕后去世后,还活着的只有2个——老四刘恒和老七刘长。大臣们把吕氏家族斩草除根后,就让刘恒来继位,而刘长还是淮南王。虽然刘长的年龄不大,但此时他是除皇帝外辈分最高的,资历也是最老的,所以无论是大臣还是族内宗室人员都很敬畏他。

刘长算是半个孤儿,生下来母亲就去世了,从小是吕后养大的。所以刘邦也好吕后也好,对他其实还是很偏爱的,因此刘长从小就非常任性。到了汉文帝刘恒登基后,刘长就更加放纵了。司马迁的话是:"淮南王自以为最亲,骄蹇,数不奉法,上以亲故,常宽赦之"(《史记·淮南衡山列传》),意思是刘长自以为和哥哥刘恒的关系最亲,非常的骄横,而且多次违法,皇帝刘恒也因为骨肉关系,常常原谅刘长的各种行为。甚至他每次进京朝请的时候也表现得非常随意,见到皇帝直呼"大哥",和皇帝一同出去的时候,直接坐一辆车。但是这些刘恒都不计较。

在刘恒登基的第三年,终于发生了一件大事情,震惊朝野。刘长进京后,去找辟阳侯审时其,辟阳侯出来后,刘长直接从袖子里抽出锥子把他打死了,然后还让随从割下了辟阳侯的脑袋。这个事情就闹大了,这不是一般的刑事案件,而是典型的政治清算。辟阳侯曾是左丞相,是和陈平、周勃都搭过班子的元老级人物,在铲除吕氏家族的过程中是保持中立的,连陈平、周勃都没敢动辟阳侯,刘长二话不说没有做任何请示就直接把辟阳侯杀了,而且手段这么残忍,其他人会怎么想?周勃会怎么想?皇帝会怎么想?

刘长更嚣张的是事后赤裸上身亲自向皇帝请罪,并给出三条杀辟阳侯的理由:第一,他母亲当时是被冤枉的,辟阳侯当时完全可以向吕后求情,让刘邦放过他母亲的,结果他没有这么做,这是第一条罪;第二,吕后杀害戚夫人和赵王母子俩时,辟阳侯不据理力争,这是第二罪;吕后给吕家人封王,辟阳侯不反对,这是第三罪。

汉文帝听完，什么也没说，他能说什么呢？只能放过刘长。

汉文帝会真的放过他吗？据说刘长力能扛鼎，力气和项羽一样大，而且还不按常理出牌。这样的人行走朝中该多危险，宫中的薄太后都害怕这个后生，甚至连一贯矜骄的太子刘启都很怕这个叔叔。

大臣会放过刘长吗？根据刘长提的这三条理由，最该杀的不是辟阳侯，而是陈平和周勃，因为他们两个才是左右朝政的关键人物，甚至是"推波助澜"的人物。这三件事情，辟阳侯最多只能影响第一件事情，第二件和第三件是他能影响的吗？刘长今天敢杀辟阳侯，是不是明天就敢杀周勃呢？所以刘长一日不死，周勃估计一天都睡不着觉。这就注定了刘长的结局。

刘长以为这件事情就这么过去了，回到封地后更加狂妄，自己出行都按照天子的规格，自己的命令都称"制"，无法无天。这些朝中的大臣都忍了，他们在等一个机会，一个可以一招致命的机会。

三年后，大臣们终于等到一个机会，刘长的手下有个叫但的人带着70人参与谷口县的一次谋反，说是谋反，其实是一场暴动。皇帝立马召刘长进京，刘长竟然来了，从这个结果来看，刘长应该不可能参与谋反。

刘长到了长安就被控制住了，接下来丞相张仓联合各个部门开始给皇帝写刘长的"黑历史"，新账旧账一起算。这时候的周勃已经告老还乡,张仓是丞相。张仓这个人非常传奇,我们熟知的《九章算术》就是他主持重新修订的。同时张仓也是开国元老,他的政治后台是王陵,就是反对吕后给吕家人封王被罢免丞相之位的王陵,同时也是刘邦指定的第三位丞相。张仓的建议非常直接,杀无赦,要把刘长直接斩首。

汉文帝看到张仓他们洋洋洒洒的起诉书,回复了一句"朕不忍致法于王,其与列侯二千石议"(《史记·淮南衡山列传》),意思是:我还是不忍心对刘长用法,请你们再议,不要就你们几个元老商量,让重要官员都参与谈论,集中拿个主意。

然后张仓就把会议扩充为 43 人,甚至把刘邦的专职司机夏侯婴都拉了进来,经过集体谈论,建议如下:"长不奉法度,不听天子诏,乃阴聚徒党及谋反者,厚养亡命,欲以有为。臣等议论如法。"(《史记·淮南衡山列传》)意思是经过集体研究,大家一致认为刘长应该伏法。

汉文帝批示:"朕不忍致法于王,其赦长死罪,废勿王。"(《史记·淮南衡山列传》)这个批示就有点半推半就了,其实就是认可刘长的罪,但是不能定死罪,具体怎么办,你们继续想办法。

张仓继续开展"民主大讨论",然后上书:"长有大死罪,陛下不忍致法,幸赦,废勿王。臣请处蜀郡严道邛

邮,遣其子母从居,县为筑盖家室,皆廪食给薪菜盐豉炊食器席蓐。臣等昧死请,请布告天下。"(《史记·淮南衡山列传》)张仓赶快给汉文帝台阶,夸他仁爱。然后提出建议,把刘长发配到四川山沟里,并保障他们一家的伙食供给。

汉文帝再次展示自己的仁爱:"计食长给肉日五斤,酒二斗。令故美人才人得幸者十人从居。他可。"(《史记·淮南衡山列传》)他又补充:每天要给刘长五斤肉,两斗酒,然后还配十个美女,其他就按照你们说的办理。

君臣一通折腾,就算把刘长的案子审理完了。但是有人就看不惯他们这么行事,直接向汉文帝指出:你这么折腾,还是逃不了杀弟的罪名。这个人就是袁盎,他说:"上素骄淮南王,弗为置严傅相,以故至此。且淮南王为人刚,今暴摧折之。臣恐卒逢雾露病死。陛下为有杀弟之名,奈何!"(《史记·淮南衡山列传》)意思是:淮南王之所以能走到今天这个地步,还不是你的责任吗?你如果早期就对他严加管教,给他配置严格的师傅,他会变成今天这个样子吗?现在你突然给他这么大的打击,万一路上有个三长两短,你杀弟的罪名不就成立了吗?到时候你怎么解释呢?汉文帝反驳袁盎说:"吾特苦之耳,今复之。"意思是:我就是故意让他受点苦,过几天就让他回来了。

历史的剧本不会按照任何人的意愿来演,过了没多久,淮南王刘长就真死在了路上。这下汉文帝不能再反驳了,杀弟的罪名彻底成立,洗都洗不掉了。

汉文帝到底有没有杀刘长的心呢?我感觉是有,但是不太坚定。说有呢,是因为刘长毕竟是个危险,像一颗定时炸弹,根本不知道什么时候会爆炸;说不坚定呢,是因为他毕竟翻不起大浪,他的封国面积也不算大,实力也不强,刘长想要造反的条件和时机都不具备。

但事已至此,汉文帝总要善后,于是把刘长的四个儿子都封了侯,以此来堵住天下人的嘴。但是后来淮南民间突然出现了一首民谣:"一尺布,尚可缝;一斗粟,尚可舂。兄弟二人不能相容。"(《史记·淮南衡山列传》)这个就太有针对性了,当汉文帝得知后,非常生气。但是生气归生气,舆论总要平息啊!所以汉文帝就把刘长的儿子加封为王,把淮南王刘长的封地一分为三(其中一个儿子已经去世),一个儿子一块地方。分别是:淮南王刘安,衡山王刘勃,庐江王刘赐。这样舆论就慢慢平息了。

顺便说一句,这个淮南王刘安是后来大名鼎鼎的学者和发明家。刘安喜欢结交才子,喜欢读书钻研,代表作是《淮南子》,而且据说豆腐就是他发明的。只可惜他在汉武帝时期还想着造反,最后事败自杀。

汉文帝不仅圆满解决了弟弟的问题,还顺带解决了诸侯国过大的问题,这就是后来汉武帝的"推恩令"的雏形。

第五节　让弟弟抑郁而终的汉景帝

汉景帝的沟通能力也很差,结果硬生生把自己的亲弟弟害死了。

汉景帝本来是兄弟8个,结果被她母亲窦太后一顿操作,最后只剩下兄弟二人,其他同父异母的兄弟全部莫名其妙去世。汉景帝仅存的唯一的弟弟就是梁孝王刘武,由于是同父同母,汉文帝去世后,后宫就剩母子三人,真是其乐融融,母慈子孝。

汉景帝对这个弟弟也是非常宠爱,梁孝王每次朝请的时候,出入都和汉景帝同乘一辆车,非常尊贵。更甚的是别的诸侯王每次朝请最多只能在京城滞留二十天,而梁孝王则可以滞留半年,这完全违反了汉朝的规定。

窦太后对这个小儿子更是疼爱有加,每次小儿子来京城,窦太后都会拉上汉景帝过来作陪吃饭喝酒,一家三口真是亲密无间。有一次酒酣耳热之际,汉景帝突然对梁孝王说:"千秋万岁后传于王。"意思是:等我死后就把皇位传给你。说这句话的时候,汉景帝也是刚登基不久,还没有立太子,而且此时吴楚等国已经开始挑战朝廷。所以,梁孝王听后也没有当真,只是认为哥哥对自己宠爱而已。这时候作陪的还有一个表哥窦婴,窦婴马上站起来说:"天下者,高祖天下,父子相传,此汉之约也,上何以得擅传梁王!"(《史记·魏其武安侯列传》)这话就很刺耳了,意思是:汉景帝没有权力把皇位传给弟弟,只能传给你的儿子。这下家宴的氛围一下子就很尴尬,可能汉景帝和梁孝王都觉得是个玩笑,但是有人不这么认为,那就是窦太后,她非常生气。生气到什么程度呢?饭后窦太后直接取消了窦婴的"门籍",也就是进出皇宫的资格。窦太后的意思是:以后你也别来我家了,不欢迎你,我也不想要你这个亲戚了。从这个动作来看,窦太后是把汉景帝的话当真了。

没过多久,就爆发了吴楚七国之乱,汉景帝开始部署兵力准备迎战。周亚夫是总指挥,他的建议是梁国打前锋,必要时牺牲梁国换取最后的胜利。为了顾全大局,舍小家保大家,梁孝王也同意了这个战略。在这场战争中,梁孝王拼了命作战,可能是为了报答哥哥的恩情,也可能是为了哥哥酒后说的那句"千秋万岁后传于王",不管怎样,梁孝王的表现绝对称职,客观来讲,功劳和周亚夫相当。顺便说一句,表哥窦婴在这场战争中的表现也很出色,窦太后又重新恢复了他的"门籍"。

如果说梁孝王先前对汉景帝说过的那句话没有当真,但是经过这次战争,梁孝王的心态就开始变化了,他认为哥哥可以认真考虑下那句话了。再加上母亲窦太后一吃饭就暗示汉景帝别忘了说过的话,梁孝王的想法更是向前迈了一步。

但汉景帝当然不会认了,他也没打算认。所以平定吴楚七国之乱后,汉景帝没过多久就册立太子,封老大刘荣为太子。这把梁孝王刚刚燃起的希望之火扑灭了,母亲窦太后也无话可说。汉景帝这么做,真让人怀疑他是不是为了利用弟弟才说的那句话。不管怎样,至少现在看来这件事情似乎尘埃落定了。

但是四年后,汉景帝突然又把太子给废了,不让刘荣当太子了。具体原因比较复杂,前面已经详细介绍过。这就给很多人留下了无限的想象空间,有这种想法的不仅仅是汉武帝的母亲,梁孝王更是欣喜若狂,窦太后也趁机旧话重提。

窦太后专门把兄弟两人叫到跟前,亲口对汉景帝说:"吾闻殷道亲亲,周道尊尊,其义一也。安车大驾,用梁孝王为寄。"(《史记·梁孝王世家》)汉景帝听完一头雾水,但也不好直接发问,说了声:"诺。"回去后就问大臣袁盎:老太太这是什么意思?袁盎说:"'殷道亲亲',就是立弟弟;'周道尊尊',就是立长子。太后的意思是两者其实是一样的,你还是立弟弟的好。"汉景帝一听,这怎么办呢?袁盎就说,还是让我去说服老太太吧。

袁盎找到窦太后就问:"如果梁孝王继位,接下来该传给谁呢?"窦太后也不糊涂,马上说:"当然是传给汉景帝的儿子啊!"袁盎接着问:"再然后呢?汉景帝有 14 个儿子,梁孝王有 5 个儿子,接下来怎么传?"老太太马上拿出纸和笔，一顿排列组合就晕了。袁盎看到老太太不吭声了，马上开始讲故事，说宋宣公不传儿子传弟弟，结果国家乱了五代才走上正轨，这就是小不忍害大义啊！窦太后虽然任性，但是讲道理，一听袁盎说得很对，于是就彻底打消了让梁孝王继位的念头。但是这事情没有给梁孝王明讲。

没过多久，大概半年时间，汉景帝突然立刘彻为太子，梁孝王一下子感觉自己又被耍了。我们可以想象梁孝王的感受：最初你说"千秋万岁后传位于王"，我虽没有当真，但是我是真的替你卖命了；后来老母亲说"用梁孝王为寄"，你没有反对，当着大家的面说"诺"；回去后你又立了太子，你这到底是什么意思？哥哥你怎么能这样做事呢？梁孝王越想越气，但是又不敢对哥哥发脾气，最后就对准了大臣，尤其是袁盎。当他得知幕后的主意是袁盎出的，就派刺客去刺杀袁盎，而且连续派出几批刺客。明枪易躲，暗箭难防，袁盎躲过了初一却没有躲过十五，最后被刺身亡。被刺杀的不仅是袁盎一人，还有十几个大臣都被刺杀了，这下朝野震惊！这件事的性质是极其恶劣的，也是极其严重的，几乎等同于谋反，汉景帝誓要把凶手捉拿归案。

事情既然已经发生，总要妥善解决，派谁去办这个案子呢？大臣们是群情激愤，窦太后更是绝食，嘴里还喊着"帝要杀吾子！"现在这个家已经从母慈子孝变成了

鸡飞狗跳。

汉景帝思来想去最后成立了以田叔为代表的特别小组,专门负责彻底调查此案。我们有必要记住田叔这个人,他不仅圆满完成了任务而且还保住了命。历史上这种吃力不讨好的事情比比皆是,弄不好就满门抄斩,后面田叔的儿子就没有掌握办事的精髓,只是学会了表面功夫,遇到几乎同样的事情,结果自己身首异处。

田叔到了梁国,把梁孝王叫到跟前,和他谈心,告诉梁孝王,这件事必须有个明确的交代,绝对不会蒙混过关的。现在有两个选择:一是交出凶手,把责任全部推给凶手,定性为刑事案件;二是包庇凶手,不用交出任何人,定性为政治事件。选择第一种,你梁孝王没有任何损失;选择第二种,你极大可能身死国灭,这绝对不是开玩笑。

梁孝王听完一身冷汗,在巨大的压力下,选择了第一种,让凶手自杀。但是田叔还是"伪造"了完整的证据链,准备回去向汉景帝报告。快到京城的时候,田叔越想越不对劲儿,万一汉景帝看过调查报告后不放过梁孝王怎么办?这可是完整的证据链啊,事实确凿。虽然写的不是梁孝王主谋,但是这些凶手都是梁孝王的人。田叔再想想汉景帝的为人,连自己的老师都能一声不吭就杀了,万一他抓住证据不放,把弟弟给杀了,这个可能性也有啊!再想想窦太后的手段,她当然不会找自己的儿子报仇,但是一定不会放过大臣的。田叔越想越后怕,最后索性一把火就把调查报告给烧了,干脆就口头报告了。

田叔见到汉景帝就一五一十地进行了汇报,凶手已经归案处决了,梁孝王没有参与此案。汉景帝问报告呢?田叔说烧了。汉景帝说那好吧,赶快去给太后汇报吧,她已经几天没吃饭了。窦太后听完田叔的报告后,连夸田叔是个人才,应该升官。窦太后也不哭了,又开始吃饭了,皆大欢喜。

这边梁孝王的心其实还吊着呢!他还吃不准哥哥是否会真的放过自己。当年进京朝请的时候,他把随从留在了关外,自己换成便衣带着一个侍卫偷偷进京了。这边汉景帝派人到关外迎接梁孝王,结果发现人不见了,而且谁都不知道去哪里了。这下朝廷又慌了,窦太后又开始哭了,又开始喊"帝杀吾子"了。汉景帝急得抓耳挠腮也没用,毕竟他真不知道梁孝王去哪了。原来梁孝王担心哥哥生气,所以偷偷进京先躲进了姐姐馆陶长公主的家里,先打听下宫中的虚实,结果了解到没事了,哥哥已经放过他了。第二天,梁孝王学习廉颇负荆请罪,一大早跪在了皇宫门前,汉景帝见状赶快拉着梁孝王去找窦太后,证明他没有杀弟弟,是被冤枉的。这下,母子三人又和好如初了。

但是此事过后,汉景帝再也不和弟弟乘坐同一辆车

了,后来弟弟申请在京城多留几日,也被汉景帝无情拒绝。这种落差其实是很伤人的,而且梁孝王也确实感觉哥哥对自己不像从前一样了,变得更疏远、更客气了。梁孝王于是开始闷闷不乐,两三年后竟然抑郁而终。

窦太后又开始哭喊"帝果杀吾子",而且又绝食了。这下汉景帝真是有口说不清,弟弟确实死了,虽说不是他杀的,但与他确实有脱不开的干系。看到老母亲不吃饭,汉景帝于是找姐姐馆陶长公主商量,两人一合计,干脆把梁孝王的五个儿子全部封王,把梁国一分为五,一人一份。这一招明显是学汉文帝的。窦太后一听,这个主意好,于是又吃饭了,也不生儿子的气了。

汉景帝真的有杀弟弟的心吗?我认为应该没有,因为梁孝王确实为他立了汗马功劳,而且自始至终也没有反心。造成梁孝王悲剧的原因,主要在于汉景帝本身,如果一开始就保持必要的君臣之礼,而且不随便许诺不可能的事情,他也不会有非分之想,最后也不会抑郁。正是汉景帝的这种"暧昧"间接害死了弟弟。

第六节　推卸责任的汉武帝

汉武帝的沟通能力和表达能力比汉文帝和汉景帝要强太多,简直可与刘邦相提并论。但是汉武帝和刘邦有着根本的不同,刘邦的沟通会基于基本的事实,汉武帝则是只要有利于自己，他可以指鹿为马，有很多事情可以证明，我们仅举两件事情。

第一件事情是金屋藏娇。汉武帝能够从14个兄弟中脱颖而出，馆陶长公主给了他很多助力。在汉武帝还不到十岁的时候，姑姑馆陶长公主抱着他，说要给他介绍媳妇，他竟然说就要表姐陈阿娇，甚至要造个金屋给陈阿娇居住。陈阿娇是馆陶长公主的掌上明珠，馆陶长公主一直想让女儿做皇后。而这时候的汉武帝只是14位王子中的老十而已，而且汉景帝已经立了老大刘荣为太子。所以想当皇帝，必须要把大哥拉下马，自己再脱颖而出，但是仅凭自己和老母亲王娡是根本不可能的事情，因此必须攀高枝拉外援，姑姑就是最好的高枝和外援。

可能我们会想这些话是母亲王娡事先交代给汉武帝的，但是馆陶长公主也不是傻子，不会那么容易被糊弄。可以想一想，一个七八岁的孩子，为了自己的前途，极力去讨好一个大人，这是何等的困难，但是汉武帝做到了，而且非常成功。

汉武帝达到目标后就把这些话抛到九霄云外了，陈阿娇做了不到十年的皇后就被汉武帝给废了，金屋没有住上反而被打入冷宫，最后孤苦终老。汉武帝的这个投资回报是极大的，如果他不是皇帝，现在可能最多是几个城池的小王而已，更别说名留青史了。

汉武帝不仅废了陈阿娇，还把所有责任都推给了陈阿娇。事后馆陶长公主去找汉武帝的姐姐（平阳公主）诉苦，说："帝非我不得立，已而弃捐吾女，壹何不自喜而倍本乎！"（《史记·外戚世家》）意思是：汉武帝当初没有我就当不了这个皇帝，现在当上了皇帝就把我女儿抛弃了，他这是多么的没有良心啊！汉武帝的姐姐赶快说："用无子故废耳。"（《史记·外戚世家》）姐姐也是赶快帮助汉武帝打圆场说：我弟弟不是这样的人，主要是你家闺女没有生儿子。可见这个姐姐也不是省油的灯，就是她不停给汉武帝推荐美女，卫子夫就是她养的歌姬。汉武帝一家人利用完馆陶长公主就扔了，最后还把责任推给馆陶长公主教女无方。

第二件事是《轮台诏》。这是汉武帝刘彻在征和四年（公元前89年）所下的诏书。汉武帝在其中否决了桑弘羊等大臣在西域轮台地区屯田的提案，并对派遣李广利出征匈奴之事表示悔恨，同时仍要求各级官员提出补充武备的方法。诏书原文载于《汉书·西域传》，事亦见《资治通鉴·汉纪十四》。

史学界对于《轮台诏》的历史地位和评价存在争议。有观点认为，《轮台诏》可谓"轮台罪己诏"，它意味着汉武帝刘彻对自己的扩张政策感到悔恨，标志着治国路线由"尚功"调整为"守文"。但也有观点认为，《轮台诏》并非"罪己诏"，其所调整的仅是汉朝在西域的具体政策。

但我认为《轮台诏》不是自我批评的"罪己诏",也不仅仅是调整政策的公文,而是一篇彻头彻尾的狡辩和推脱之辞。

汉武帝到了晚年,崇信方术,以求长生不老,又错用小人江充,最终酿成"巫蛊之祸",逼死太子刘据和卫皇后,父子在长安城相杀,死了数万人。而且由于汉武帝连年对外用兵和肆意挥霍,国库空虚,民众不堪压迫,发动暴乱。后又错用贰师将军李广利,本可以三千骑兵就能征服的大宛国,李广利牺牲了十几万人还没有征服,仅仅是和谈。后来汉武帝还是继续用李广利攻击匈奴,两次战斗下来又损失了近十万骑兵和十万步兵。这是什么概念?卫青和霍去病打了那么多次仗,把匈奴打得"漠南无王庭",这么多年整个军团的所有损失加起来都没有李广利两次战斗损失的多。对于这个结果,汉武帝是没法交代的,这些都是他用的人,为什么差距这么大呢?基于这个情况,汉武帝开始"耍赖"了,开始推卸责任了,《轮台诏》字里行间都充满了"这不是我的责任,任用李广利是上天的意思"的推脱之语。不信我们仔细看下原文:

> 前有司奏,欲益民赋三十助边用,是重困老弱孤独也。而今又请遣卒田轮台。轮台西于车师千余里,前开陵侯击车师时,危须、尉犁、楼兰六国子弟在京师者皆先归,发畜食迎

汉军，又自发兵，凡数万人，王各自将，共围车师，降其王。诸国兵便罢，力不能复至道上食汉军。汉军破城，食至多，然士自载不足以竟师，强者尽食畜产，羸者道死数千人。朕发酒泉驴、橐驼负食，出玉门迎军。吏卒起张掖，不甚远，然尚厮留其众。

曩者，朕之不明，以军候弘上书言"匈奴缚马前后足，置城下，驰言：'秦人，我匄若马。'"又汉使者久留不还，故兴遣贰师将军，欲以为使者威重也。古者卿大夫与谋，参以蓍龟，不吉不行。乃者以缚马书遍视丞相、御史、二千石、诸大夫、郎为文学者，乃至郡属国都尉成忠、赵破奴等，皆以"虏自缚其马，不祥甚哉"，或以为"欲以见强，夫不足者视人有余"。《易》之卦得《大过》，爻在九五，匈奴困败。公军方士、太史治星望气，及太卜龟蓍，皆以为吉，匈奴必破，时不可再得也。又曰："北伐行将，于鬴山必克。"卦诸将，贰师最吉。故朕亲发贰师下鬴山，诏之必毋深入。今计谋卦兆皆反缪。重合侯得虏候者，言："闻汉军当来，匈奴使巫埋羊牛所出诸道及水上以诅军。单于遗天子马裘，常使巫祝之。缚马者，诅军事也。"又卜"汉军一将不吉"。匈奴常言："汉极大，然不能饥渴,失一狼,走千羊。"

乃者贰师败,军士死略离散,悲痛常在朕心。今请远田轮台,欲起亭隧,是扰劳天下,非所以优民也,今朕不忍闻。大鸿胪等又议,欲募囚徒送匈奴使者,明封侯之赏以报忿,五伯所弗能为也。且匈奴得汉降者,常提掖搜索,问以所闻。今边塞未正,阑出不禁,障候长吏使卒猎兽,以皮肉为利,卒苦而烽火乏,失亦上集不得,后降者来,若捕生口虏,乃知之。当今务,在禁苛暴,止擅赋,力本农,修马复令,以补缺,毋乏武备而已。郡国二千石各上进畜马方略补边状,与计对。

以上三段就是汉武帝完整的《轮台诏》,我们把第二段简单翻译下:过去,朕不明智,因为军候弘曾上书说"匈奴人捆住马的前后足,放在城下,骑着快马说'秦人,我把这些马送给你们'",又因为汉朝使者在匈奴久留不回,所以就发兵,并派出贰师将军,打算借此为使者壮威。古时候,卿大夫一起谋议时,要借助于蓍、龟占卜,占卜不吉利便不实行。以前,朕将捆马书展示给丞相、御史、二千石级朝官、各位大夫和郎官中学问渊博的人,并拿给郡和属国的都尉成忠、赵破奴等人看,他们都认为:"敌寇自己捆住自己的马,再没有比这更为不祥的啊!"有人则认为:"匈奴人是想借此显示强大,用我们不

足的东西显示他们绰绰有余。"查阅《周易》，找到《大过》卦的九五爻，从中得出推断：匈奴将要衰亡。公车召请的方士和太史观星望气，还有太卜用龟、蓍占卜，都认为很吉利，匈奴必定失败，时机不可再得。又说什么"北伐遣将率军推进，在䪃山定能取胜"。为各将领算卦，结果是贰师将军最吉利。因此朕亲自指令贰师将军率兵下䪃山，诏令他绝不要再深入。如今，计谋、占卜和吉兆全都与事实相违背。重合侯马通俘获了敌寇的刺探情报者，他们说："匈奴听说汉军将要到来，派巫者在汉军所经过的各条道上和水中预先埋下牛羊，用来诅咒汉军。单于向天子送马皮衣服时，往往叫巫者进行诅咒。把马捆住，是用来诅咒汉军的出兵行动。"另外，他们占卜的结论是"汉军有个将军不吉利"。匈奴经常说："汉朝极大，但是不能忍耐饥渴，失去一只狼，便会逃散千只羊。"

这段话其实就一个意思，李广利确实是我任命的，但是责任不在我。因为我任命之前经过占卜测算，是上天同意的，各位大臣也都亲自见证的，你们不能把这个责任推卸给我一个人。还有李广利的失败不仅仅是军事原因，而是匈奴对我们的军队使了巫术。通篇就是这种论调，这怎么可能是在自我检讨呢？

第五章
放手还是紧抓不放

第五章 放手还是紧抓不放

正善治,直观的解读就是:扶正要善于运用治的方法。治,特指治水。治水的核心思想是易疏不易堵,水是堵不住的,越大的水越无法堵住;水需要疏导,无论多么大的水都可通过疏导进入大海。顺应水需要疏导的本性是无为;但是疏导需要开挖河道,这就是有为,即无不为。所以治水是无为和无不为的完美结合。正,是扶正、纠偏的意思,可以引申为管理。正善治,可以通俗理解为:管理就是要善于把无为和无不为结合起来,不能不管,也不能事事干预。

刘邦非常清楚自己哪些事该干,哪些事不该干,所以刘邦的一生都很洒脱;项羽则分不清轻重缓急,因此落得个四面楚歌的下场;吕后开启了汉朝无为而治的先河;"萧规曹随"其实是吕后的政治杰作;汉文帝打响了汉朝削藩的第一枪;汉景帝在削藩的道路上高歌猛进,结果力度太大速度过快,差点酿成大祸,幸好力挽狂澜控制住了局势;汉武帝则善于抓重点,颁布推恩令,加强中央集权,确定了盐铁官卖制度,重农抑商,维护了农业社会的稳定。

第一节　刘邦的无为和无不为

刘邦会不会管理呢？管理能力到底是什么水平？

刘邦起义前是个亭长，就算手下有人员，也不多，而且刘邦和同事们的关系也不是很融洽。

刘邦起义后开始带兵，他的直接作战能力非常一般，稍微大点的城池基本就攻不下了，能攻下的也都是用非战争手段。用韩信的话讲就是："陛下不过能将十万"（《史记·淮阴侯列传》），意思就是：刘邦最多只能领导十万兵。

做了皇帝后刘邦其实也没有正经管理过国家，国家政务基本都是萧何在负责，刘邦一直忙着平定叛乱。

如果说刘邦没有管理能力吧，他却打败了所有对手；如果说刘邦有管理才能吧，那到底体现在什么地方呢？

我认为主要体现在两个方面，那就是他有所为，有所不为，更通俗的解释就是遇到问题只抓主要矛盾，集中精力把主要矛盾彻底解决。至于次要矛盾，就交给手下处理，如果问题不大，甚至可以不用处理。这就是刘邦的管理思想，一旦碰触刘邦的底线，他是杀无赦；在刘邦的底线之上，手下人可以尽情自由发挥，刘邦基本不会干涉。我们可以从以下一些事件中看出刘邦的这种管理思想。

刘邦的部队进驻咸阳后,立刻做了三件事情:第一,废除秦朝法律,和关中百姓约法三章——杀人偿命,偷盗和伤人者抵罪;第二,秦朝的官员依然各司其职,做好自己的岗位;第三,约束自己的部队,不能拿群众的一针一线,对百姓秋毫无犯。这三个操作下来,关中百姓对刘邦夹道欢迎,民心尽收。"父老苦秦苛法久矣,诽谤者族,偶语者弃市。吾与诸侯约,先入关者王之,吾当王关中。与父老约,法三章耳:杀人者死,伤人及盗抵罪。余悉除去秦法。诸吏人皆案堵如故。凡吾所以来,为父老除害,非有所侵暴,无恐!"(《史记·高祖本纪》)司马迁寥寥数笔就把刘邦入关做的工作交代完了,我们可以看出,官职越大,做的事情其实越少,更多的精力应该放在判断哪些事情是必须要做的?哪些事情是根本就不能做的?然后对应采取适当的方法。

或许有人会有疑问,觉得这是萧何或者张良等谋士给刘邦提的建议,刘邦一个大老粗是不会做这些的。我认为有这个可能,即便这样,至少也可以证明刘邦也非常认可这种做法。其实刘邦内心是有无为而无不为的思想的,后面刘邦做了皇帝后的两件小事就印证了他的这种思想,比如赦免季布和杀掉丁公。

季布原本是项羽手下的一员猛将,刘邦和项羽进行楚汉战争的时候,季布多次把刘邦打得落荒而逃。季布

打仗特别勇猛,所以刘邦每次都败得特别惨,看到季布的军队就发怵。刘邦取得天下之后,就在全国范围内通缉季布,想亲手解决这个死对头。"项籍使将兵,数窘汉王。及项羽灭,高祖购求布千金,敢有舍匿,罪及三族。"(《史记·季布栾布列传》)从司马迁的描述中可以看出,刘邦是真吃了季布不少苦头,所以做了皇帝还不忘报仇,而且昭告天下谁敢藏匿季布直接灭掉三族。

季布只好东躲西藏,在一个姓周的老朋友家里住着。刘邦抓捕季布的风声越来越紧,这位周姓朋友眼看这样也不是长久之计,躲过了一时躲不过一世,但是他又没有能力对季布帮助更多。于是这位朋友就想到当时鲁国有户朱家,是当时著名的游侠,不仅行侠仗义而且有很深的政府背景。接着这位周姓朋友就和季布商量,让季布扮作奴仆,然后把季布卖往朱家,朱家会顾及自己的江湖地位,就算发现了季布,也不会出卖季布,说不定还会想办法营救。于是两人就决定赌一把。

就这样,季布顺利被卖到了朱家,季布一进朱家的门就被认出来了,但是朱家的当家人并没有挑明,而是开始暗地里帮忙运作。解铃还须系铃人,要想彻底解决这个问题,必须找到刘邦,其他任何人都没有用。可此时刘邦已经是皇帝了,不是朱家人想见就能见的。不过朱家有着广泛的人际关系,到了长安城,通过关系认识了刘邦的专职司机夏侯婴。一次喝酒时,朱家人无意中就问夏侯婴："为什么皇帝非要抓季布呢？"夏侯婴一愣，心想你一个平民打听这个干吗呢，就简单回答："季布这小子打仗时经常让皇帝陷入难堪之地，所以皇帝非常生气，一定要亲手宰了他。"朱家人就说："那您认为季布这人咋样呢？"夏侯婴一想，季布肯定在你手里，怪不得你要请我吃饭，原来是这事啊！夏侯婴就简单说："这个人还行吧！"朱家人看夏侯婴没有反感就接着说："季布和皇帝打仗，那是各为其主，因为他的领导是项羽；如果刘邦是他领导，他也一样勇敢。这不正说明这个人不仅打仗勇猛而且忠心耿耿吗？如今皇帝为了一己私怨就要杀了季布，这何以表示胸怀天下呢？况且现在北方还有匈奴不断骚扰边疆，如果皇帝抓捕的紧急，不排除季布会逃到匈奴那边去。这样我们不就是资助敌人了吗？皇帝这么信任您，您应该提醒下皇帝啊！"夏侯婴心想季布果然在你手里，不过你说的也有道理，于是就答应回去向刘邦建议。纳谏如流是刘邦的最大特质，刘邦听完之后，觉得很对，于是就赦免了季布，并且让季布出来做官。

　　刘邦没有让季布领兵，只让他作为郎中，行走朝中。吕后时期，季布升为中郎将，负责保卫皇帝；汉文帝时期，季布升为河东太守。

　　季布这个人还有一个非常好的优点就是非常诚信，成语"一诺千金"的主人公就是季布。当时的楚国有句

谚语:"得黄金百斤,不如得季布一诺",这或许也就是在他落难的时候,还有朋友敢出手相助的原因吧。

季布有个舅舅叫丁公,曾经也是项羽手下的一员猛将。他听说季布当了官,心想他是不是也应该找刘邦要个官。丁公这样想一点问题都没有,而且他是有底气的。因为在楚汉战争时期,刘邦被打的落荒而逃的时候,正好被丁公带兵追上,眼看就要被束手被擒了,刘邦赶快下马作揖道:"我们都是好汉,怎么能互相残杀呢?请好汉高抬贵手。"司马迁的描述是:"高祖急,顾丁公曰:'两贤岂相厄哉!'"(《史记·季布栾布列传》)既然刘邦没有拼死相抗,而是求饶,那丁公也就不追了,就这么掉头回去了。

也许丁公每每想到这些,就不禁感叹:他当时是多么英明啊!如果他当时没有心软,就没有如今的大汉朝皇帝了。所以丁公觉得是时候找下刘邦了。

不知道丁公是通过什么渠道见到了刘邦,反正刘邦热情接待了丁公。然后刘邦集结军队将领,把丁公领到军队前,指着丁公说:"就是这个人让项羽失去了天下!丁公作为臣子不够忠心,大家绝对不能学习他。"说完直接下令,把丁公斩立决。"丁公为项王臣不忠,使项王失天下者,乃丁公也。"(《史记·季布栾布列传》)这是刘邦斩丁公前的讲话,并告诫将领们:"使后世为人臣者无效丁公!"(《史记·季布栾布列传》)

或许丁公在最后一刻才明白自己死亡的真正原因。如果他在最后还痛恨刘邦的忘恩负义,那么他就没有明白自己死亡的真正原因。

老子说过:"圣人不仁。"这句话怎么理解呢？我们生活在社会中,人是社会属性的动物,社会正常运转是有基本规则的。比如杀人要偿命,偷东西要惩罚等大家约定俗成的规则,只有遵守这些规则,社会才会正常运转。你可以有爱心、有仁义,但是必须是在这些规则之下发挥,不能超越这些基本的规则。

所以"圣人不仁",老子是强调按照规则行事,而不是随心而为。如果每个人都按照自己的内心行事,这个世界岂不是乱套了。

通过季布和丁公的例子,我们可以感觉到,很多能够保命的人是遵守了规则、尽忠职守的人;失去性命的人,是没有尽职尽责,甚至玩忽职守的人。大量的事实告诉我们这不是职场的心灵鸡汤,而是实实在在的"天道"。

同时,我们也可以看出,刘邦做事情会牢牢抓住事物的本质,即便当时没有及时抓住本质,只要有人点播一下,他也会立马改正。所以他的管理的方法就是有些事必须直截了当地做,不惜代价地做;而有些事情就彻底放手,一点不强求。比如季布就是按照规则认真做事,一点都没有突破规则,哪怕是给刘邦带来了很多的

伤害,但是刘邦还是无条件原谅了对方,因为你无法左右战场上将士们的具体行为,只要他们拼尽全力打仗,就是好将领。但是丁公就完全相反,尽管他帮助了刘邦,但是他违反了规则,这种行为是行军打仗的大忌,非杀不可。这就是刘邦的无为和无不为。

通过这三个小故事,你还会认为刘邦没有管理能力吗？我认为只要做好"无为而无不为"就是一个优秀的管理者,做管理根本就没有那么复杂,想得越复杂的人越做不好管理,甚至他根本就不懂管理。

第二节 项羽的无所不为

项羽的管理能力简直惨不忍睹,不分重点,没有章法。我们只从项羽分封诸侯的方式上,就可以知道项羽没有管理能力。论功行赏原本是领导最应该重视的事情,结果项羽总是把事情搞砸。项羽分封诸侯时至少犯了三个错误。

一、第一个错误：把刘邦从关中王换成汉王

在起义军刚开始出征的时候,领袖楚怀王就和大家约定"先破秦入咸阳者王之"。这句话其实是激励诸将领和各个诸侯王的,对于将领来讲这是一次难得的阶级跃迁机会,如果成功,一下子就会变为名正言顺的王；对

于诸侯王来讲,这同样也是一个机会,因为关中不仅土地肥沃,同时还是当时的政治文化中心,能在这里为王,性质是不一样的。这个约定可以说是天下皆知,起义军各个将领和诸侯王当然也都知道。刘邦先进入关中,先接受秦王的投降,这个事实无可争辩。项羽尽管在灭秦的过程中功劳巨大,消灭了秦朝最主要的军队,在诸侯军队中获得了很高的威望,但客观上他就不是第一个进入关中的。

所以在这一点上,项羽首先就忘记了初心,彻底背叛了大家出发时的约定。另外分封刘邦的事情并不是项羽能决定的,至少程序不该这样,项羽和刘邦是同一个级别的,都是起义军的将领,唯一的差别就是双方现在实力悬殊,项羽比刘邦强大而已。他们有共同的领导——楚怀王,所以这个事情的程序应该由楚怀王来最后下达,项羽也确实请示了楚怀王,没想到楚怀王的答复非常简单和明确,就两个字"如约"。然而项羽最后自作主张把刘邦的关中王换成了汉王,也就是把刘邦的封地从富庶的八百里秦川西安换到了山沟里的汉中,中间还隔着巍峨的秦岭山脉。这还不算,项羽还把刘邦的10万人马缩减为3万,刘邦敢怒不敢言。

刘邦此时已经见识过了咸阳的繁华和富庶,而且已经到手了,项羽又给他夺走了,他肯定是会不甘心的,俗话说"不怕贼偷就怕贼惦记"。刘邦在去汉中的路上就

是万分不服,一路走一路惦记,再加上将士们离家越走越远,东归的心情越来越强烈,于是索性杀了回来。

二、第二个错误:三分关中

项羽把刘邦赶出关中,自己又不在关中做王,而是把金银财宝打包拖回老家,拿不走的全部烧掉,连秦始皇的宫殿都烧掉。"居数日,项羽引兵西屠咸阳,杀秦降王子婴,烧秦宫室,火三月不灭;收其货宝妇女而东"(《史记·项羽本纪》),这就是项羽对待一个旧王朝的做法,不仅抢还要杀。

项羽就这样把秦朝几百年的都城烧了,几世的繁华顷刻化作了尘烟,老百姓看着都心疼,调侃了一句"人言楚人沐猴而冠,果然"。但是项羽听不得批评,马上派人把说这话的人也杀了,项羽更不得民心了。

他把关中地区分为三块,分别任命了三个王:章邯为雍王,土地是咸阳以西,都城在废丘;司马欣为塞王,土地是咸阳以东到黄河边,都城在栎阳;董翳为翟王,土地是陕西的北面,都城在高奴。这三位都是人才,全部是投降项羽的秦朝将领和官员,章邯是镇压农民起义军的秦军主帅,司马欣是章邯的秘书长,董翳是章邯手下得力干将。按理说分封这三位为关中王也是合情合理,用秦人管理秦人更加方便。然而事实是,秦人对这三位恨之入骨。

这三位作为老秦人,却是伤害秦人最深的人。因为他们带着20万秦军投降项羽后,眼睁睁看着部下被项羽连夜坑杀,这不仅仅是20万秦军,更是几十万秦人的父亲、儿子和丈夫,而这三人为了自己的前途,眼睁睁看着自己的部队被坑杀。你认为三秦父老会对他们有何看法?

结果项羽偏偏把这三人封在了关中地区,简直就是把这三位放在火堆上烤。所以当刘邦从汉中一探出头,立马就点燃了火药桶,迅速就把关中收复了,而且是民心所向。关中百姓想到刘邦入关时的约法三章,想到刘邦入关时的秋毫不犯,再回头一看项羽及这三位王所做的事,所以义无反顾地支持刘邦,成了刘邦铁筑的大后方。

三、第三个错误:越权封王

项羽不仅把关中一分为三,同时自封为西楚霸王,他还一口气分封了14个王,把天下分封了一遍,这下算是彻底捅了马蜂窝。因为其中有些人在灭秦的过程中已经称王了,而且势力已经做大,项羽虽然在灭秦中功劳巨大,也不能随便分封,甚至改变他们的势力范围。

我们看下这14个王的具体情况:

> 徙魏王豹为西魏王,王河东,都平阳。瑕丘申阳者,张耳嬖臣也,先下河南,迎楚河上,

故立申阳为河南王，都洛阳。韩王成因故都，都阳翟。赵将司马卬定河内，数有功，故立卬为殷王，王河内，都朝歌。徙赵王歇为代王。赵相张耳素贤，又从入关，故立耳为常山王，王赵地，都襄国。当阳君黥布（英布）为楚将，常冠军，故立布为九江王，都六。鄱君吴芮率百越佐诸侯，又从入关，故立芮为衡山王，都邾。义帝柱国共敖将兵击南郡，功多，因立敖为临江王，都江陵。徙燕王广为辽东王。燕将藏荼从楚救赵，因从入关，故立荼为燕王，都蓟。徙齐王田市为胶东王。齐将田都从共救赵，因从入关，故立都为齐王，都临淄。故秦所灭齐王建孙田安，项羽方渡救赵，田安下济北数城，引其兵降项羽，故立田安为济北王，都博阳。田荣者，数负项梁，又不肯将兵从楚击秦，以故不封。成安君陈馀弃将印去，不从入关，然素闻其贤，有功于赵，闻其在南皮，故因环封三县。

（《史记·项羽本纪》）

我们简单分析下这个名单，就会发现几个问题。

首先，最郁闷的是赵王赵歇，项羽本来是来救赵国的，赵国的确获救了，但赵王的地盘没有了。项羽直接把赵王分封为代王，这相当于把赵王发配到边界守边疆去了。让赵王更不是滋味的是自己的三个手下——丞相张耳、赵将司马卬、宠臣申阳，竟然都封王了，还占了他的地盘。理由竟然是这三位手中有兵，然而这些兵的最终领导者不就是赵王吗？更气愤的是赵国大将陈馀，冒着生命危险在外面对抗秦军，一直坚持到项羽援军的到来，如果不是陈馀在外围的坚持，赵国早就被秦军拿下了。然而陈馀没有被封为王，项羽只给了他三个县，原因仅仅是没有随项羽入关。

其次，最惨的是燕王韩广，明明是他派出将领臧荼去帮助赵国的，仗是胜利了，但是臧荼听命于项羽了。项羽直接把燕国的地盘划给了臧荼，让臧荼做燕王，而把韩广改为辽东王。于是臧荼和韩广直接就干上了，双方打得难分难解，最后臧荼把韩广杀了。

最后，最麻烦的就是齐国。项羽把齐国直接分解为三块，把原齐王改为胶东王，把原来的齐将封为齐王，把更早的齐王的孙子分封为济北王，这下齐国可热闹了。这还不够，齐国真正有实力的人反而没有分封，那就是原齐国的丞相田荣，这下终于火上浇油了。项羽刚到彭城，齐国这边就开打了。

从这个分封的结果来看，项羽是没有治理国家的头脑的，项羽的团队也没有这个境界。另外分封的速度太快，分封的流程也不对，一切都太草率，这直接帮助了刘邦反攻。

第三节　吕后的无为而治

我们都知道"文景之治"奠定了西汉强盛的根基，"文景之治"的核心就是无为而治，无为而治的起点则是"萧规曹随"。"萧规曹随"的时代正是吕后的执政时期。

天下初定后不久，刘邦就驾崩了，剩下吕后和年仅16岁的孝惠帝，此刻他们才是真正的孤儿寡母，对内面对众多开国元勋，对外有虎视眈眈的匈奴，吕后会如何管理这个庞大的国家呢？答案就是无为而治。

无为而治不代表躲在后宫什么都不做。无为而治是要牢牢抓住关键要素，紧紧盯住重要问题，除此之外完全放权。对于吕后来讲：关键要素就是军权和人事任免，重要问题就是国家的安全和稳定。那么吕后是怎么做到的呢？

一、对内萧规曹随

或许有人会说这时候还是孝惠帝掌权，这些决定应该来自孝惠帝，这个说法没有问题。但我认为这些决定吕后肯定是默许的，如果吕后反对，这些根本就不会发生。曹参当丞相的时候，是孝惠帝继位的第二年，也就是孝惠帝才17岁，在这之前，孝惠帝并没有独自做过重大决定。相反，吕后此时已经是一位成熟的政治家了，她敢独自决定杀害汉朝最大的功臣韩信,她敢推翻刘邦的决定杀害彭越。所以朝中的大事,吕后不可能不知道,也不可能存在她坚决反对的政策,存在的都是她同意和支持的。

什么是萧规曹随?具体就是指汉朝的第一任丞相萧何去世后,曹参接任,曹参没有再出新的政策,而是完全继承萧何的各项法规政策,坚持政策的连续性,一张蓝图用到底。

或许有人会想,这样做丞相也太简单了,这不人人都会做吗?如果是这样,萧规曹随肯定就不会成为佳话,执行政策实际上比制定政策更难。曹参是怎么做到的呢?我们分享四点。

第一,开除华而不实的官员,重用实事求是、脚踏实地的官员。什么是华而不实?就是喜欢写个文件都要咬文嚼字半天,任何小事都要请示上级,不敢担当一丁点责任。曹参上台后立马罢免让这些人,即"吏之言文深刻,欲务声名者,辄斥去之"(《史记·曹相国世家》)。

第二,多鼓励,少责怪。只要不是原则性错误,一般睁只眼闭只眼,不会苛求下属表现完美,哪怕"参见人之有细过,专掩匿覆盖之,府中无事"(《史记·曹相国世家》),即曹参看到下属的小过,还专门替人家掩盖。所以,不无事找事,这才是好领导。

第三,难得糊涂。身居高位,难免有人过来求情或

者索要利益的，答应就会违反原则，不答应又伤和气。怎么办呢？曹参只好装糊涂。到家就准备酒宴，只要有人登门拜访，那就好酒好菜招待。看到你要讲"正事"了，赶紧劝你喝酒；喝过之后你又要张口讲"正事"了，继续让你喝酒，一直把你灌醉为止，总之就是让你无法讲"正事"，即"至者，参辄饮以醇酒，间之，欲有所言，复饮之，醉而后去，终莫得开说，以为常"（《史记·曹相国世家》）。不是曹参不喜欢讲正事，而是正事应该在朝堂上讲，应该公开讲。

第四，平易近人，不摆架子，即"相舍后园近吏舍，吏舍日饮歌呼。从吏恶之，无如之何，乃请参游园中，闻吏醉歌呼，从吏幸相国召按之。乃反取酒张坐饮，亦歌呼与相应和"（《史记·曹相国世家》），意思是：曹参的家和官员的宿舍很近，官员们闲暇时间，喜欢喝酒放松，有时候还会高歌几曲。但有些人就喜欢清净，然后就向曹参投诉。有一次，他们把曹参领到官员们的宿舍，正好有官员喝酒唱歌，他们刚想向曹参投诉，曹参马上吩咐摆上酒菜，立马也坐下饮酒高歌，和官员们对唱了起来。

实际上曹参心里明镜一样，哪些该做哪些不该做？什么时候该明察秋毫什么时候该糊涂？他是非常清楚的。尽管如此，他的行为最终还是引起了孝惠帝的不满。孝惠帝心想：你一个丞相，管理这么大一个国家，天天喝酒玩乐，这也太不把工作当回事了吧？不过孝惠帝又不敢直接明说，就让曹参的儿子回去委婉提醒下父亲。

这个情节在《史记·曹相国世家》是这样描述的：

参子窋为中大夫。惠帝怪相国不治事，以为"岂少朕与？"乃谓窋曰："若归，试私从容问而父曰：'高帝新弃群臣，帝富于春秋，君为相，日饮，无所请事，何以忧天下乎？'然无言吾告若也。"窋既洗沐归，闲侍，自从其所谏参。参怒，而笞窋二百，曰："趣入侍，天下事非若所当言也。"至朝时，惠帝让参曰："与窋胡治乎？乃者我使谏君也。"参免冠谢曰："陛下自察圣武孰与高帝？"上曰："朕乃安敢望先帝乎！"曰："陛下观臣能孰与萧何贤？"上曰："君似不及也。"参曰："陛下言之是也。且高帝与萧何定天下，法令既明，今陛下垂拱，参等守职，遵而勿失，不亦可乎？"惠帝曰："善。君休矣！"

这段话简单翻译过来就是：孝惠帝看到曹参这样干工作，心中有点儿不满，认为不够敬业，甚至还有点轻视自己，于是就让曹参的儿子曹窋给曹参带话。曹窋也很直爽，回到家就去找父亲谈心，几句话下来就被曹参看穿了心思，于是曹参大怒，直接赏了他两百棍，然后告诉曹窋，干你该干的事情，不该你管的事情问都不要问。结果这事情孝惠帝很快就知道了，第二天上朝，孝惠帝

就承认是他让曹窋问的,不能怪曹窋。曹参其实也能猜到,现在既然大家把话打开了,那索性就说敞亮吧。于是曹参就问孝惠帝:"你认为你和你父亲谁更厉害?"孝惠帝赶快回答:"当然是我父亲厉害。"曹参又问:"你认为我和萧何谁更厉害?"孝惠帝说:"好像萧何更厉害点。"曹参也不生气,马上肯定:"你说得非常正确。天下是你父亲打下的,是萧何治理的,两个人又制定了明确的法令。我们两个人明明知道自己不如他们,难道还要瞎折腾吗?难道不应该把他们制定的蓝图绘到底吗?你说我说的有没有道理?"孝惠帝一听,连忙说:"太有道理了。"然后再也不抱怨曹参了。这就是萧规曹随的具体的内容。

为什么会有萧规曹随呢?因为曹参此时已经具有了无为而治的思想。

曹参最早只是一个县级官员,跟随刘邦后,一直打仗,并没有像萧何一样管理过后勤,所以曹参早期其实是没有系统的管理经验的。天下平定之后,曹参被刘邦派到齐国做丞相,辅佐刘邦的大儿子刘肥管理齐国,这个时候,曹参才开始真正接触管理。因为齐国是西汉最大的封国,所以曹参也想做出一个"样板",但是无从着手。不过曹参方法多,他召集了齐国的贤人论道,结果一人一套逻辑,曹参听什么都有道理,还没开始自己就晕了。最后实在没有办法,他又请教了一位真正的高人——盖公,盖公建议用黄老的无为思想。

《史记·曹相国世家》描述:

> 参尽召长老诸生,问所以安集百姓,如齐故诸儒以百数,言人人殊,参未知所定。闻胶西有盖公,善治黄老言,使人厚币请之。既见盖公,盖公为言治道贵清静而民自定,推此类具言之。参于是避正堂,舍盖公焉。其治要用黄老术,故相齐九年,齐国安集,大称贤相。

曹参是怎么领悟无为的思想呢?那就是管理者只要制定好法律、执行好法律,其他的不要瞎折腾。

曹参的这套理论在齐国大获成功后,他便被调到朝廷任职,临走前反复交代接任者一定要注意法律和监狱,要把这当成头等大事来做:

> 参去,属其后相曰:"以齐狱市为寄,慎勿扰也。"后相曰:"治无大于此者乎?"参曰:"不然。夫狱市者,所以并容也,今君扰之,奸人安所容也?吾是以先之。"(《史记·曹相国世家》)

这段话可以简单理解为:曹参把无为而治简化为执行法律一定要公平公正,这是治理国家的根基,法律公平一旦动摇,国家就会动摇。只要把这点做好,作为管理者你可以什么都不用做了,百姓自己会自力更生,自己养活自己的。就好比,你不用去教育农民怎么种地,

也不用费力去教商人怎么做生意,他们都会自己学、自己做。

二、对外忍辱负重

吕后对内可以萧规曹随,可以风轻云淡,但是对外就没有这么轻松了!匈奴在刘邦在世的时候就不停骚扰边界,虽然刘邦后来采用和亲的国策,但是收效甚微。刘邦去世后,匈奴变本加厉,甚至写信侮辱吕后,吕后也只能忍辱负重,让刚刚诞生的汉朝免于战火。

《史记·季布栾布列传》记载:

> 单于尝为书嫚吕后,不逊,吕后大怒,召诸将议之。上将军樊哙曰:"臣愿得十万众,横行匈奴中。"诸将皆阿吕后意,曰"然"。季布曰:"樊哙可斩也!夫高帝将兵四十余万众,困于平城,今哙奈何以十万众横行匈奴中,面欺!且秦以事于胡,陈胜等起。于今疮痍未瘳,哙又面谀,欲摇动天下。"是时殿上皆恐,太后罢朝,遂不复议击匈奴事。

这段话的意思是:(刘邦驾崩后)匈奴的首领给吕后写信,有调戏的意思,吕后非常生气,然后召集大臣商议。吕后的支持者,也是吕后的妹夫樊哙第一个表态:"给我十万大军,我去横扫匈奴。"其他大臣也赶快附和:"可以的。"这时候季布(曾经把刘邦打得东躲西藏的将领)站出来讲话:"樊哙这个人可以拉出去砍了!当年刘邦带着40万大军都被匈奴困在了白登山,你一个樊哙带着10万人就能打败匈奴,这不是明显撒谎吗?而且现在我们刚刚立国,满目疮痍,需要时间恢复国力,不是用兵的时候。"吕后听了也有道理,于是就不再提讨伐匈奴的事了,自己硬生生咽下了这口恶气。吕后也诠释了"受国之垢,是谓社稷主"。

纵观吕后掌权的16年时间,在管理国家的事务上,没有插手过具体的事件。吕后管理国家只做了三件事情:选人、用人和重大事件的决策。尽管如此,汉朝这个时期却是"天下晏然",这就是无为而治的魅力!

第四节 汉文帝的为而不争

我们提到"文景之治"就会自然想到无为而治,这段历史确实是无为而治的典范。但是真正的"无为"并不是什么都不做,而是"无为"和"无不为"的完美结合,汉文帝和汉景帝就是这种完美结合的杰出代表。

汉文帝在国家管理上的"无不为"主要体现在对诸侯国的重新分配,就是削弱诸侯国的实力,也可看作是汉武帝"推恩令"的初始版本。汉文帝的操作主要体现在齐国和淮南国上,把齐国一分为七;把淮南国一分为三。但是需要指出的是,汉文帝只是把诸侯国化小了,

他并没有把诸侯国的土地收归中央朝廷。这是汉文帝和其他所有皇帝不一样的地方,包括前面的刘邦、吕后以及后面的汉景帝和汉武帝,汉文帝没有占诸侯国的一寸土地,仅仅是把他们的土地由整化零,而且这些土地还是这些人的子孙拥有。

那么汉文帝为什么还会对诸侯国下手呢?

在汉文帝时期诸侯国有10个,分别是:齐、淮南、赵、燕、吴、楚、梁、代、淮阳、长沙。其中长沙国是异姓王,吴芮是首任国王,他们家每一代国王都对朝廷忠心耿耿,所以地位相当稳定。一直到汉文帝执政后期,长沙王已经传了五代,结果后面没有儿子了,长沙国的土地才被收回。梁、代、淮阳三个国家已经被朝廷管控,汉文帝便把这几个地区分给了自己的三个亲儿子,也算是间接控制了。

赵国,曾经有一段时间是汉文帝六弟刘友的封地,刘友被吕后饿死后,还留了两个儿子,这是汉文帝的亲侄子。所以汉文帝可怜这两个侄子,就把赵国分成两份,一个兄弟一份,并且都被封王了。因此,赵国也是感恩和忠于汉文帝的。

燕国,是汉文帝的堂叔刘泽的封地。刘泽在大臣讨论皇位继承人的时候支持汉文帝,所以汉文帝为了感谢这个堂叔特意给他调换封地,可见燕国也是可以放心的。

吴国，是汉文帝堂兄刘濞的封地。刘濞是凭借战功加血缘关系上位的，是刘邦亲自加封的。再加上吴国有53个城池，算是大国，实力雄厚。

楚国，原本是刘邦同父异母的弟弟刘交的封地。到了汉文帝时，刘交的儿子继位，也算堂兄弟。楚国有36个城池，不算大，属于中等诸侯国。

淮南国，这是汉文帝七弟刘长的封地，这是他唯一还活着的亲兄弟（同父异母），淮南国有四个郡，城池应该有40个左右，属于中等规模的诸侯国。

齐国，是大哥刘肥的封地，这个时候已经传给了汉文帝的大侄子刘襄。齐国拥有73个城池，是最大的封国。

以上就是汉文帝面临的国内现状。《道德经》上说"天下大事必作于细，天下难事必作于易"，通俗讲就是：做事要从简单的做起。汉文帝当然知道收回诸侯国的土地问题有很多，也很难处理，但是事情总要解决的。现在看来较为麻烦的诸侯国就剩四个：吴、楚、淮南和齐国。

汉文帝第一个拿齐国开刀，为什么会这样呢？

动吴、楚两国肯定很麻烦，所以暂时不能动。吴王刘濞是长辈，而且有军功，现在动肯定不是好时机。楚王也是长辈，虽然汉文帝继位的时候，楚王差不多同时间去世，但是他儿子刚即位后也没有把柄，汉文帝总不

能师出无名。

汉文帝动齐国,不仅是因为齐国的土地最多,还有更重要的原因,那就是齐国的掌舵人已经严重威胁到了汉文帝的地位。

在周勃和陈平铲除吕后家族的过程中,刘氏家族中功劳最大的是齐王家的人。齐王刘肥有很多儿子,刘肥在吕后执政的第六年(孝惠帝六年)就去世了,由刘襄继位;刘肥还有两个儿子刘章和刘兴居在长安做官,而且混得还不错,很得吕后的赏识,还给两人都封了侯,刘章被封朱虚侯,刘兴居被封东牟侯。

刘章这个人情商很高,在朝廷中左右逢源,还迎娶了吕禄的女儿为妻,可见这人的政治觉悟很高,很会讨吕后的欢心。要知道吕后让其他诸侯王娶吕氏的女人,这些诸侯王是极其反感的。仗着吕后的宠爱,刘章也借机壮大自己的影响力。有一次吕后邀请刘章一起饮酒,吕后任命刘章为"酒吏",也就是喝酒时的酒令官,刘章请奏:"能用军法行酒令吗?"吕后把他当小孩看待(刘章当时20岁左右)就说:"可以。"然后刘章就说:"我来先给大家唱首歌助兴。"得到吕后同意后,刘章就开唱:"深耕概种,立苗欲疏,非其种者,锄而去之。"歌词虽是讲种田的要诀,种庄稼最重要的就是及时锄掉杂草,但吕后听后非常尴尬,因为这个时候,她已经开始铲除刘家的诸侯王了。刘章的这首歌似乎在暗示刘家是正宗,吕家才是杂草,吕后是违背种田规律的,她能不尴尬吗?所以这首歌也算是刘章的政治试探,但是刘章接下来的试探就有点过火了。酒席进行到一半,有人不胜酒力提前离席了,刘章竟然追出去把这个人杀了,而且这个人还是吕家人。这一下吕后大惊失色,但是刘章并不认罪,他说已经请示过用军法来行酒令了。从这以后,吕家人对刘章敬而远之,大臣们对刘章刮目相看。

吕后去世后,刘章就盘算让自己的哥哥齐王刘襄来做皇帝,所以就写了密信给刘襄。具体策略是他和弟弟刘兴居在长安城做内应,让哥哥带着齐国的兵进军长安,这样里应外合,一起推倒吕氏,刘襄作为刘邦的大孙子,名正言顺而且也有实力当皇帝。刘襄得到消息后马上发兵长安,这时刘章和刘兴居也在长安城内积极配合周勃和陈平对抗吕氏家族。

周勃最担心的就是相国吕产,因为吕产手里还有一半的御林军,迟迟不敢对吕产动手。然后周勃就让刘章去,刘章也不含糊,直接向周勃要了一千人的军队,带着军队冲进了未央宫,在宫里追着吕产砍,最后把吕产砍死在厕所里。为什么刘章能在宫中畅通无阻呢?因为吕后还在的时候,刘章的职责就是负责皇宫的安全。

在刘章砍死吕产后,周勃就开始大开杀戒,迅速并彻底地铲除了吕氏家族。接下来,按照剧本就应该迎立刘襄为皇帝了,但是这个时候偏偏出现了意外。有一个

人明确反对迎立刘襄,这个人就是刘泽。刘泽何许人?他为什么坚决反对刘襄当皇帝呢?

刘泽是刘邦的远房兄弟,和刘邦是一个辈分的,跟着刘邦起义,一直作为郎中。在刘邦晚年平叛陈豨的时候,刘泽被封为将军,立了军功,被封为营陵侯。本想这辈子可能就这样了,没想到到了吕后时期,他又被封为琅邪王,这块土地原来是齐国的,是吕后硬生生从齐王手里夺过来的。在齐王刘襄准备率军到长安做皇帝的时候,刘襄先写信骗刘泽,说是想推举刘泽当皇帝,刘泽竟然信了,然后跑到齐国后他就被齐王刘襄扣押了,甚至军队也被收编了。刘泽心里是真生气啊!没了军队,他的封国哪还能保住?于是刘泽佯装不生气,反过来骗刘襄,说他愿意先到长安城帮助铲除吕氏,他辈分高,还能在团结刘氏家族方面发挥些作用。刘襄一看留着刘泽也没用,于是就放了刘泽。

就这样刘泽只身跑到了长安城,看着周勃、陈平和刘章他们铲除吕氏,在商量迎立皇帝人选的关键时刻,刘泽发言了:"齐王母家驷钧(齐王母亲的弟弟,即齐王刘襄之舅),恶戾,虎而冠者也。方以吕氏故几乱天下,今又立齐王,是欲复为吕氏也。代王母家薄氏,君子长者。且代王又亲高帝子,于今见在,且最为长。以子则顺,以善人则大臣安。"(《史记·齐悼惠王世家》)这话从刘泽的口中说出来是很有说服力的,一是他刚刚亲自经历了齐王的圈套,二是他在宗族中的辈分也是很高的,所以他的发言无疑是重磅炸弹,就这样一锤定音了。

当刘恒从代国赶来继承皇位后,照例论功行赏,由于他没有参与具体的事件,全靠当事人讲述自己的功劳。听完汇报后,汉文帝刘恒认为在刘氏家族中,刘章和刘兴居的功劳最大,于是就口头答应给他们两个封王,要封刘章为赵王,封刘兴居为梁王,这都是最肥沃的土地。然而而当刘恒听完刘泽的汇报后,身上惊出一身冷汗,马上收回了对刘章和刘兴居的许诺。

汉文帝刘恒决定奖励刘泽,于是把刘泽封到了燕国,让他做燕王;然后把齐国拆为七块,刘章分一块,封为城阳王;刘兴居分一块,封济北王;接下来的五块封给刘襄的儿子和其他兄弟们,分别为济南王刘辟光、淄川王刘贤、胶西王刘印、胶东王刘雄渠、齐文王。

这个就是汉文帝先动齐国的根本原因,他认为这三个兄弟对皇位威胁最大,这也是汉文帝后面几年又把淮南国分为三份的根本原因,上一章详细介绍过。

汉文帝对国内的封地主要动了齐国和淮南国,其他的诸侯国基本没有大动,采取的都是无为政策。吴王刘濞 20 年不上朝,汉文帝还赐他拐杖;南越国赵佗自己偷偷摸摸称帝,汉文帝也仅仅是派出使者相劝。只要诸侯王认可他这个皇帝,安分守己,天下就和平安稳;一旦诸侯王威胁到了他的位置,他也会采取手段制衡。这就是

汉文帝的无为和无不为。

第五节　汉景帝的为而有争

汉景帝的继位是合理合法且名正言顺,他无须看任何人的脸色,无须感谢任何大臣和诸侯王。因此汉景帝执政就没有那么多顾忌,一切照章办事,任何人都不能倚老卖老,更不能居功自傲。

汉景帝最看不惯吴王刘濞,他认为他父亲汉文帝执政的时候,吴王20年不来朝请,现在他执政,吴王还不来朝请,是为挑衅。再加上汉景帝和吴王刘濞本来就有恩怨,所以双方是越看越不顺眼。汉景帝还是太子的时候曾失手打死了吴王刘濞的儿子,吴王一直怀恨在心,所以后来就不去朝请了,汉文帝也自知自己理亏,所以就准许了。这事都过去20年了,太子刘启都当皇帝了,按理吴王刘濞应该表态,双方把这件事情释怀。然而吴王刘濞仗着自己是长辈,而且自己有理,就是不理汉景帝,这下大臣们都看不下去了。于是大臣晁错建议削减吴王的封地,削去豫章郡和会稽郡,直接把吴国削去了2/3。晁错的意思是:吴王肯定要造反,今天削地,他会造反;不削地,他也会造反。

晁错做事比较急躁,他认为一不做二不休,既然削地,那就不能只削吴国,这样针对性太强了,干脆拉上几个国家一起削。于是晁错建议把楚国削去一个郡,把赵国也削去一个郡,把胶西王削去六个县。然而在文件的草拟阶段,风声就传出去了。诸侯国的国王们开始惶惶不安,尤其是吴王刘濞,他一直在准备谋反,只是苦于没有机会,没想到机会竟然送上门了。

听到削藩的消息后,吴王刘濞借机开始联络身边的诸侯王,楚王和赵王一听马上响应,胶西王更是积极配合。有了这些盟友还不够,刘濞还要寻找更多的盟友,于是又联络了济南王、淄川王、胶东王。这就是吴楚七国叛乱,时间发生在汉景帝执政的第三年初,没想到气势汹汹的叛乱,三个月就被周亚夫给镇压了。

汉景帝会怎么收拾这几个国家呢?当然是毫不手软,凡是参加叛乱的国家土地全部收回。

吴国,国王刘濞被杀,土地收归朝廷。汉景帝把自己的儿子刘非封到吴地,改国名为江都。刘非在吴楚叛乱的时候才15岁,但是执意要上战场,汉景帝就让他当将军,结果表现得非常勇猛,这算是对他的嘉奖吧。

楚国,楚王刘戊自杀。刘戊是楚元王刘交的孙子,是第三代楚王,他的辈分和汉景帝一样。过了几年,汉景帝又立楚元王刘交的儿子刘礼为楚王,因为刘礼辈分高。

赵国,赵王刘遂自杀。刘遂是刘邦六子刘友的儿子,刘友被吕后害死后,刘遂就成了孤儿了。汉文帝继

位后可怜这个侄子，才把他封为赵王。按理说刘遂是没有理由造反的，但是他竟然为了一个郡跟着造反了。更可怕的是刘遂还勾结了匈奴，准备里应外合对抗朝廷。最初朝廷派郦寄攻打赵国，打了7个月都没有攻下，最后朝廷又派栾布过来才把赵国灭了。汉景帝下定决心要把赵国破开，于是一分为六，全部分封给自己的亲儿子：赵王刘彭祖、广川王刘越、中山王刘胜、常山王刘舜、清河王刘乘、河间王刘德。

胶西国，刘印自杀，土地收归朝廷。汉景帝立自己的儿子刘端为胶西王。

胶东国，刘雄渠自杀，土地收归朝廷。汉景帝立自己的儿子刘彻为胶东王，也就是后来的汉武帝。四年后刘彻被立为太子，于是汉景帝又把儿子刘寄封为胶东王。

淄川国，刘贤自杀，土地收归朝廷。汉景帝为了嘉奖济北王坚定的政治立场，便让济北王刘志来做淄川王。

济南王，刘辟光自杀，土地收归朝廷。

汉景帝平定吴楚七国之乱后一下子就收拾了7个国家，这7个国家土地要么全部收回要么重新分配，能参与重新分配的人要么是自己的亲儿子要么是相当信任的人。经过这么一折腾，诸侯国有一大半稳定了。

没有参与吴楚叛乱的诸侯国有的是保持中立，有的是坚定地站在朝廷一边。对于政治坚定的诸侯国汉景帝赏赐奖励,比如衡山王刘勃,不仅旗帜鲜明地反对吴王刘濞,而且还积极配合朝廷作战。事后,汉景帝为了表示感谢,把刘勃调到了北方任济北王。因为南方潮湿,当时很多人是不愿意到南方的。

对于保持中立的诸侯国,汉景帝就依然让他们维持原状,也没有追究责任。长沙国传到汉景帝的时候已经是第五代了,没有男丁,于是汉景帝就把自己的儿子刘发封为长沙王;燕国继续维持不变;代国也维持不变。

那么此时剩下最大的诸侯国也是最富裕的诸侯国就是梁国了,这是汉景帝唯一的亲弟弟(同父同母)刘武的封地。在汉景帝执政的第十三年,弟弟刘武去世,汉景帝就把梁国分为 5 份,让刘武的 5 个儿子各得一份。分别为:梁王刘买、济川王刘明、济东王刘彭离、山阳王刘定、济阴王刘不识。其中济阴王刘不识一年后就去世,土地就收归朝廷;其他几个王到了汉武帝时期由于犯法或者无子,土地都收归朝廷;剩下的梁王刘买顺利把国家传到儿子刘襄后,还是被汉武帝削去了将近一半的土地。

总体来讲,在汉景帝时期,把赵国分为 6 份,全部收回朝廷;把梁国分为 5 份,收回一份;把齐国收回 4/7。纵览全国,已经没有可以挑战中央朝廷的诸侯国了,政局相当稳定。

汉文帝和汉景帝执政的理念是一致的，都是为了中央政权的稳定。汉文帝私心没有那么重，只是把可能严重威胁自己的位置的诸侯国拆分，排除隐患；汉景帝的私心就有点重，毕竟他的儿子太多了，除了太子还有13个儿子，这些都要封王，封王就需要土地，所以汉景帝在排除隐患的过程中就掺杂了私心，土地能收回的一定要收回，收回后的土地万不得已绝不会分封给外人。

汉景帝能够大刀阔斧的削藩得力于大臣晁错。在汉景帝执政初期非常重用晁错，重用程度甚至超过丞相。晁错的父亲看到了危机，就跑到长安找到晁错说："皇帝刚刚继位，你又在辅佐皇帝，这时候你怎么能建议削藩呢？你这不是离间别人的亲情吗？已经有很多人对你有意见了，为什么还这么做呢？"晁错说："我这么做是为了国家的稳定。不这么做，皇帝得不到应有的尊重，国家也不会凝聚团结。"晁错的父亲就说："刘氏的江山是稳定了，我们晁家要倒霉了。"说完晁错的父亲就自杀了。没超过十天，吴楚七国果然反了；又没过几天，汉景帝听信袁盎的话，果断处死了晁错。晁错死得冤枉，到死可能都不知道是谁杀的他，到死还想着为国家效力、为汉景帝卖命。

《史记·袁盎晁错列传》记载：

  错父闻之，从颍川来，谓错曰："上初即位，公为政用事，侵削诸侯，别疏人骨肉，人口议多怨公者,何也?"晁错曰:"固也。不如此,天子不尊,宗庙不安。"错父曰:"刘氏安矣,而晁氏危矣,吾去公归矣!"遂饮药死,曰:"吾不忍见祸及吾身。"死十余日,吴楚七国果反,以诛错为名。及窦婴、袁盎进说,上令晁错衣朝衣斩东市。

平定吴楚之乱后,汉景帝就问曾在前线的邓将军:"吴楚不是怨恨晁错吗?我都把晁错杀了,他们知道后难道没有退兵吗?"邓将军说:"吴国准备造反都准备了很多年了,打出的旗号虽然反对削地和杀晁错,但是这就是一个理由而已,所以他们怎么可能退兵呢!唉,多了我也不敢说。"汉景帝就让邓将军继续说,邓将军又说:"晁错的建议是万世之根本,没想到刚开始执行,自己就被杀害。你这是寒了忠臣的心啊!而且你的仇人也更开心了。"汉景帝听完沉默了半天,最后说:"你说的很对,我也很后悔!"

《史记·袁盎晁错列传》记载:

> 上问曰:"道军所来,闻晁错死,吴楚罢不?"邓公曰:"吴王为反数十年矣,发怒削地,以诛错为名,其意非在错也。且臣恐天下之士喷口,不敢复言也!"上曰:"何哉?"邓公曰:"夫晁错患诸侯强大不可制,故请削地以尊京师,万世之利也。计划始行,卒受大戮,内杜忠臣

之口,外为诸侯报仇,臣窃为陛下不取也。"于是景帝默然良久,曰:"公言善,吾亦恨之。"

汉景帝执政最大的贡献就是把汉文帝执政时候孕育的脓包彻底给挤破,把毒液放掉。所以经过吴楚七国之乱,没有一个诸侯国可以和朝廷抗衡,这也为他的儿子汉武帝继续削藩打下了坚实的基础,汉武帝可以放手干了。除此之外,汉景帝时期的其他政策一切照旧,继续贯彻无为思想,不瞎折腾。

第六节　汉武帝的"微积分"

如果说汉文帝和汉景帝的削藩是做减法——把诸侯国的封地由大变小;那么汉武帝的削藩就是微积分——把诸侯国的封地更加细分,一直细分到可以轻而易举积分,只不过积分后的土地就变成了中央政府的土地。因此,汉武帝的削藩和汉文帝与汉景帝的做法有本质的区别。除此之外,汉武帝还把盐、铁等重要物资进行中央垄断。

历史上我们把汉朝削藩的功劳全都记在了汉武帝的"推恩令"上,实际上也确实只有汉武帝的削藩,中央朝廷的土地才有了实质性的大规模增加,尽管这项政策执行的前提条件是他父亲和爷爷打下的。

具体提出和执行"推恩令"的是主父偃,我们具体看下主父偃的提议：

> 偃说上曰："古者诸侯不过百里，强弱之形易制。今诸侯或连城数十，地方千里，缓则骄奢易为淫乱，急则阻其强而合从以逆京师。今以法割削之，则逆节萌起，前日晁错是也。今诸侯子弟或十数，而适嗣代立，余虽骨肉，无尺寸地封，则仁孝之道不宣。愿陛下令诸侯得推恩分子弟，以地侯之。彼人人喜得所愿，上以德施，实分其国，不削而稍弱矣。"于是上从其计。（《史记·平津侯主父列传》）

以上这一段就是司马迁对"推恩令"的描述，简单来讲就是以往诸侯国的继承权力只有长子拥有，现在每个儿子都有。如果诸侯王有 10 个儿子，那么就把诸侯国的土地分为 10 份，每人 1 份；如果有 100 个儿子，那就分 100 份，1 人 1 份。这样下来，有些列侯分到土地就很少，甚至只有一个村庄大小，别说住王宫，可能连马车都坐不起，只能坐牛车。你以为这就完了吗？并没有，汉武帝的根本目的是要把土地收回来，所以汉武帝想方设法地找他们的毛病，一旦找到毛病，连这点土地都要收回来。到了这时候，这些诸侯国即便想反抗也没有实力了。

比如在汉武帝出兵南越的时候，由于百姓厌倦战争不愿意参军或者随军，汉武帝就想让列侯们做个表率，

结果根本就没列侯响应。汉武帝一怒之下就让朝廷找他们的毛病,真是"欲加之罪何患无辞"。朝廷很快就发现列侯们献给朝廷的金子成色不足,于是把列侯的土地就没收了。

"列侯以百数,皆莫求从军击羌、越。至酎,少府省金,而列侯坐酎金失侯者百余人。"(《史记·平准书》)这里的"酎"指诸侯王给朝廷的献金。根据汉朝的法律,每年八月,天子以酎酒祭祀宗庙,诸侯王和列侯都必须按照规定献金助祭,这就叫"酎金"。"少府省金"就是朝廷的少府开始仔细检查诸侯王的酎金。我们可以看出,只是通过一次事件就可以"合法"收回一百个列侯的土地,根本不用动刀枪。

我认为司马迁对"推恩令"的描述,多少有点给汉武帝和主父偃贴金的嫌疑,因为到了汉武帝执政时期,已经不存在有数十个城池的诸侯王,更没有方圆千里的诸侯国了!"推恩令"之所以能够和平快速地实施下去,没有发生像汉景帝时期的诸侯国的叛乱,根本原因就是诸侯国没有实力,也就是没有一个诸侯国可以组织一支像样的军队,这些都是"文景之治"的功劳。不管怎样,汉武帝抓住了这个千载难逢的机会,借助主父偃的雷厉风行完成了历史使命。

主父偃能够被司马迁写进《史记》主要也是靠"推恩令",以及另外一个大贡献,即建议设立朔方城,以备更好地抵御匈奴。我简单介绍下设立朔方城的国家战略意义。朔方城在今天的内蒙古鄂尔多斯地区，靠近黄河南岸边，属于黄河河套地区的前沿地带。在这一代设立城市，开垦农田，可以大大节约打击匈奴所需的粮草。因为从内地运送粮草的损耗最高可达9/10，最节约的方式也会超过一半，比如需要往前线运送10袋面粉，那么从内地出发时最少要准备20袋面粉，因为运送人员在路上还要消耗。这是极大的浪费，如果用运送粮草的力量来建立朔方城，并垦田屯兵，闲时耕种，战时杀敌，不就是一本万利吗！

我们从这两件事情可以看出主父偃是具有大战略思维的人才，最初卫青与他一接触就觉得这是个不可多得的人才，马上推荐给汉武帝，结果汉武帝就是不接见主父偃。等主父偃心灰意冷之后，准备破罐破摔，直接给汉武帝写了一封信，没想到他上午写的信，下午就被召见了。当了官后，主父偃一年之内竟然4次升迁。

我们再看下汉武帝的另一项政策——盐铁专营。"国虽大，好战必亡"这句话的意思是强调战争不仅残酷还非常烧钱！汉武帝对匈奴连年用兵，消耗的首先是粮草，等卫青和霍去病出征回来，汉武帝连赏赐的钱都没有了，对很多将士的赏赐只能打欠条。再加上碰到自然灾害，需要赈灾，国家就非常需要钱财，国库常年空虚。汉朝经过近80年的和平稳定发展，社会已经自动形成

第五章 放手还是紧抓不放

了贫富差距,头脑灵活善于经营的人早已经成为巨富,有些人或者说大多数人慢慢沦为贫民。战争和自然灾害对富人几乎没有影响,但是贫民是没有任何风险抵抗能力的,这就需要朝廷的救助,否则就会饿死人,引起社会动荡。汉武帝时期就发生过两次人吃人的现象。

基于这些社会突出问题,汉武帝重用了桑弘羊进行改革,根本目的就是增加朝廷收入,减少社会的贫富差距。桑弘羊用了两招就解决了这两个问题:一是把盐铁等大宗战略商品进行专营,增加朝廷收入;二是实行"平准"制度,人为控制货物的价格,断绝商人暴富的梦想,让商人放弃投机取巧,把精力放在制造和生产更多的货物上。

《史记·平准书》对桑弘羊的两项政策是这样描述的:

> 桑弘羊为治粟都尉,领大农,尽代仅筦天下盐铁。弘羊以诸官各自市,相与争,物故腾跃,而天下赋输或不偿其僦费,乃请置大农部丞数十人,分部主郡国,各往往县置均输盐铁官,令远方各以其物贵时商贾所转贩者为赋,而相灌输。置平准于京师,都受天下委输。召工官治车诸器,皆仰给大农。大农之诸官尽笼天下之货物,贵即卖之,贱则买之。如此,富商大贾无所牟大利,则反本,而万物不得腾踊。

故抑天下物，名曰"平准"。天子以为然，许之。于是天子北至朔方，东到太山，巡海上，并北边以归。所过赏赐，用帛百余万匹，钱金以巨万计，皆取足大农。

盐铁专营政策很好理解，就像我们现在的烟酒专卖一样，由国家统一生产销售，私人企业不得经营。平准政策也不难理解，就是用当地的税收来人为控制当地的物价。比如这个地区的大豆减产，价格飙升，当地政府需要马上用财政的钱去其他地方大量购入大豆运入当地，然后以平时的价格大量抛售，迅速把价格打压下去。如果政府这样操作，商人就无法从中获利，也就失去了投机取巧的机会，然后就会安心生产。

桑弘羊这两项政策操作下来，给汉武帝解决了一个大难题，国库总算是又充裕起来了。

桑弘羊的这两个政策虽然富了国家，但是抢了很多人的富贵，有很多人看桑弘羊不顺眼，甚至想置他于死地。其中卜式就是一个。卜式是太子太傅，有一年天旱无雨，汉武帝率领大家求雨。卜式就说，不用这么复杂，只要把桑弘羊给宰了，天就下雨了。原话是"烹弘羊，天乃雨"，这一次汉武帝没有听信卜式的建议。桑弘羊13岁就跟着汉武帝了，是汉武帝的心腹重臣。

尽管桑弘羊能力出众，官位显赫，但是他商人出身，所以司马迁没有给他单独列传，但在《史记·平准书》里

还是交代了桑弘羊的一些事情，比如：

> 于是以东郭咸阳、孔仅为大农丞，领盐铁事；桑弘羊以计算用事，侍中。咸阳，齐之大煮盐，孔仅，南阳大冶，皆致生累千金，故郑当时进言之。弘羊，雒阳贾人子，以心计，年十三侍中。故三人言利事析秋毫矣。

从这段描述中可以看出当时读书人对商人的偏见，这里提到了三个人：咸阳、孔仅和桑弘羊。咸阳是大盐商，孔仅是大铁商，桑弘羊是大贸易商的儿子。而汉武帝则是大胆起用三人，掌管大农，相当于今天的农业农村部、工业部和商务部。但是司马迁的表述则是"言利事析秋毫"，就是这三个人天天不讨论圣贤书，就谈些生意和钱财的事情，这些和圣贤书比起来就是些鸡毛蒜皮的小事。

这不能怪司马迁，因为中国古代以农为国之根本，士农工商，商业确实一直受到打压，看不上商人也在所难免。

站在两千年后看汉武帝的管理思想，真的是非常棒！无论是推恩令还是盐铁专营或者平准制度，放在现在都依然是先进的、实用的。

第六章
解决问题的利刃

第六章 解决问题的利刃

事善能，直观的解读就是：遇到事情要善于运用能力来解决。水有什么能力呢？水最大的能力就是以柔克刚，比如万吨巨轮放在公路上可能会把公路压坏，但是放进大海里就航行自如。当我们遇到问题暂时解决不了的时候，我们可以运用逆向思维来思考，从相反的方向着手可能会柳暗花明。以柔克刚，就是逆向思维的表现，这也是"反者道之动"的一种解读。

刘邦作战打不过就和谈，什么条件都可以答应，只要对方放过自己，几乎把以柔克刚运用到了极致；项羽从来不接受和谈，除了跟刘邦和谈外，对待其他人都是赶尽杀绝，似乎从未有过以柔克刚的概念；吕后专政后对待刘家人狠绝，最后被反噬，吕家为此坠入万劫不复的深渊；汉文帝面对强大的匈奴，只能与狼共舞，一面谈判一面备战；汉景帝时期匈奴依然咄咄逼人，但是汉景帝竟然做到了"北方无战事"，我们不能归结为偶然；汉武帝从来不相信柔能克刚，更愿意快刀斩乱麻，因此卫青和霍去病登上了历史的舞台。

第一节　刘邦的以柔克刚

人生总有一些事情是需要自己亲自面对、亲自解决的，无论是身居高位还是平民百姓。面对问题，采用不同的方式就会有不一样的结果，那么采用什么样的方式收获的效果更好、成本更低呢？老子认为是"以柔克刚"。

刘邦就把以柔克刚运用得炉火纯青。比如在鸿门宴时，刘邦能够迅速放下面子，甚至是尊严，立马向手握40万精兵的项羽称臣，并进行自我检讨和深刻反思；在白登之围时，刘邦也能放下皇帝的架子，给匈奴单于送礼，请求匈奴的40万铁骑放他一马，并表示可以和亲；在汉朝刚刚建国时，国力微弱，南越地区还有几十万秦军，刘邦也能放下架子用外交手段协商，希望对方向汉朝称臣，双方和平共处。足见刘邦是非常善于以柔克刚，懂得避开对方的锋芒，然后迂回保全自己，进而战胜对方。

刘邦的这种做事方式并不是天生的，而是在不断的斗争中学习的，尤其是身边的两位谋士对他的影响非常大。可以说，刘邦的每一次逢凶化吉都离不开他们的功劳，这两人就是张良和陈平。张良擅长的是阳谋，陈平擅长的是阴谋，两人一个用阳谋协助制定战略，一个用阴谋负责落实的战术，共同辅佐着刘邦。我们看看这两人是如何用阳谋和阴谋帮助刘邦以柔克刚的。

所谓的阳谋，首先就是可以公开发表，公开宣传；其次就是对双方都有利，甚至对多方都有利，不存在牺牲一方而讨好另一方的情况；当然最关键的是阳谋能解决当下的问题，而且是立竿见影。张良一生的建议基本遵循这三个原则。

一、张良阳谋——封雍齿，稳军心

刘邦当皇帝的第二年才开始逐步分封功臣，当然首先分封了萧何、曹参这些开国功臣，其他的也都在慢慢评定中。由于这个工作确实要细致，所以进展一直很缓慢。有一天，刘邦站在阁楼上往下望，看见将领们都是三五一群地坐在沙里比比画画，刘邦就纳闷这些人都在干什么？然后问张良，张良说："武将们聚在一起还能干什么？肯定是在谋反！"刘邦就说："怎么可能？天下刚刚平定，谁还想再打仗呢？"张良说："您仔细想一想，您从平民到皇帝也就用了8年的时间。而您现在所封的都是跟您最亲近的老乡，而您所杀的都是跟您有仇的。现在按照军功计算，很多人担心天下分完也轮不到自己；还有人担心，以前是不是得罪过您，害怕您不但不奖赏，甚至还会挟私报复。如果不是这样，您认为他们聚在一起还会讨论什么呢？"刘邦一拍大腿，马上说："真是

这样！确实会夜长梦多,那现在怎么办呢?"张良说:"这也好办。您平时最讨厌谁?而且大家都知道。您先封这个人,大家看到您连最讨厌的人都会封赏,然后大家的心就安了。"刘邦说:"我最讨厌雍齿,他是第一个背叛我的老乡,不是看在王陵的份上,我早就砍了他。"张良就说:"那就先封雍齿,而且要正式隆重。"于是刘邦马上举行酒会,郑重宣布封雍齿为什邡侯,并宣布会加快分封的进度。这样将领们就都吃了"定心丸"。

这就是典型的阳谋,可以公开执行,越公开越好;而且没有损害任何人的利益。雍齿根据自身战功封侯也是应得的,刘邦也没有损失自己的利益,除了不值一文的面子,最重要的是立刻解决了当下最棘手的问题。

同时我们也可以看出,阳谋也是一个典型的反向思维,先奖励最讨厌的人,那么不讨厌的人自然就心安了,而且还会认为自己应该能获得更多的奖励。碰到越硬的问题,就越要用柔软的方法来,这就是以柔克刚。

二、陈平的阴谋

陈平投靠刘邦的当天,两人相见恨晚,恨不得吃住都在一起。陈平当时是真的走投无路了,才去投靠刘邦的。而这时的刘邦正在雄赳赳气昂昂地走出函谷关,召集了一群诸侯国去攻打项羽的老巢彭城。过来投靠的人一共有7位,刘邦就请前来投靠的人一起吃顿饭表示欢迎。吃过饭，刘邦说大家辛苦了，先回去休息吧。这时候只有陈平不回去，陈平说他今天一定要和刘邦单独谈谈。因为陈平过来不是混饭吃的，他有极其重要的事情要和刘邦商量。刘邦只好留下来听陈平侃侃而谈，听完后直接任命陈平为都尉，而且还是刘邦坐车时的陪乘人，主管监护军队。

陈平作为刘邦的谋士，几乎和刘邦形影不离，有刘邦的地方就一定有陈平。项羽把刘邦围困在荥阳时，陈平也在，陈平就出了个馊主意——让荥阳城的两千多个妇女从东门跑出来，去引诱楚军，而他则和刘邦从荥阳城的西门逃出来。在刘邦被匈奴围困在白登山时，陈平还在，陈平又出了个馊主意——给匈奴的老婆送了份大礼，让她去吹枕边风，然后才和刘邦以及四千禁卫军安全撤出匈奴的包围圈。陈平的主意虽然上不了台面，但是每次都让刘邦化险为夷，所以刘邦几乎一直带着陈平。

刘邦对陈平也是非常信任的。如果一定要量化这份信任的话，那就是4万斤黄金。

在刘邦被围困在荥阳的时候，粮草也被切断了，刘邦天天唉声叹气，自言自语："天下乱哄哄的，啥时候是个尽头啊？"这时坐在旁边的陈平就说："我有一个主意，不知道你敢不敢用？"刘邦说："说说看吧，这个时候了，哪怕只有1%的把握也要试试。"

陈平分析道："项羽这个人，恭敬而爱人，清廉忠节好礼的士人大多投靠了他。但是到了论功行赏、分封爵邑的时候，很吝啬，士人也因此并不是真心归附他。而你呢，正好相反，傲慢无礼还不注意礼节，清廉忠节的士人都不来效力。但是您舍得给人官爵、食邑，那些不顾廉节、好利无耻的士人因此愿意来归附您。如果你们两个其中的任何一位愿意去掉自己的短处，吸收对方的长处，那么只要招一招手，天下就是他的了。只要行动，任何时候都不晚，现在就是一个好机会。目前项羽身边的得力干将也就剩下亚父范增、钟离眜、龙且、周殷几位了，如果您要是舍得拿出几万斤黄金，实行离间计，挑拨项羽和这几位大臣的关系，让他们之间相互产生怀疑，他们只要不是铁板一块，我们就有获胜的把握了。"

陈平分析得很不错，逻辑严密，也非常符合事实。但是几万斤黄金可不是一个小数目啊！万一失败了呢？万一不成功了呢？这几万斤黄金是不是就打了水漂了？况且在这个过程中怎么监督呢？

刘邦同样认为陈平的话逻辑严密，推理正确，符合事实。那还犹豫什么，直接干呗。刘邦一盘点仓库，就剩4万斤黄金了，全部给了陈平，怎么处理全由陈平自己决定，不用请示不用报告，花完了也不用销账，只要陈平人回来就好。

然后陈平就带着4万斤黄金出发了，再然后陈平就空手回来了。到底怎么花的陈平也没讲,刘邦也没问,关键是刘邦到死都没有问,也没有因这件事对陈平秋后算账。这不是格局问题,本质是信任问题。

没有一个人的信任是与生俱来的,都是需要观察和磨合的,只是有些人需要磨合一辈子,有些人只需要几个月而已。陈平能够拿到这 4 万斤黄金距离他投靠刘邦也就不到一年的时间,虽然他开始就和刘邦一见如故,但是刘邦又不傻。中间很多老臣在刘邦面前说了陈平的一些谣言,说陈平和嫂子通奸,娶的老婆也是离过五次婚的,所以这个人无德;说陈平最先跟着魏王混,混不下去又跑到项羽那里,项羽那里又混不下去了,才跑到刘邦这儿;说陈平这样反复无常没有任何忠诚的人,大家都嫌弃的人,刘邦还拿他当宝贝。

刘邦于是把陈平的介绍人魏无知喊过来,骂他推荐的人就是一个卑鄙小人。魏无知等刘邦骂完了,缓缓说:"您说的这些都是品行,我推荐的是才能。您不是有很多品行高尚的人吗?请问这些人对战争的胜负有帮助吗?能帮你打败项羽吗?我给您推荐的是能够出奇谋的人,能够在战争中获胜的人。至于他和嫂子私通,影响你了吗?影响战争的胜负吗?"

刘邦听完竟然无法反驳,就把陈平喊过来,虽然不好直接问他是不是和嫂子私通,但是可以责备他的道德瑕疵啊! 于是刘邦就问陈平:"你最初服务魏王,然后又

服务项羽,现在又来我这儿,你这不是没有忠心、三心二意吗?"刘邦问得义正词严,如同忘了他刚刚在鸿门宴上发的毒誓——永不背叛项羽。结果项羽刚回到彭城,他就联合诸侯追了过去。陈平回答:"我侍奉魏王,魏王不能采纳我的计策,所以离开他去侍奉项羽。结果项羽很难相信人,他只相信身边的那几个人,而且没有亲戚关系也很难被重用,所以我就离开了项羽。听说您海纳百川,就来投靠您了。如果您后悔了,我的官印和您给的金子都在这儿,我原封不动还给您就是了。"

刘邦听完瞬间感觉自己误会陈平了,于是开始更加信任陈平。当然陈平也确实用实际行动证明了他值得信任。

那么陈平最后有没有辜负刘邦的信任呢?没有。刘邦在驾崩前,陈豨造反、彭越造反、韩信造反、英布造反,连最信任的燕王卢绾也掺和着造反。再回头看看软弱的太子刘盈,就觉得太子根本就镇不住这些开国元老。于是就和这些大臣一起歃血为盟,杀了一匹白马,每人捧一碗马血对天发誓,必须对刘家江山忠诚,永不背叛,如果有谁敢称王,大家一起讨伐他,史称"白马之盟"。仪式非常隆重,让参加的人心生敬畏之心。这是刘邦生前留给大臣的最后一次心理警示,陈平也在场。

刘邦驾崩后,喝了马血的陈平竟然在吕后提出要分封吕家兄弟为王的时候,第一个站出来表示欢迎,这让同样喝了马血的王陵实在气愤,王陵当时是右丞相,也就是第一丞相,于是就辞职不干了,宁愿辞职也不愿违背自己的誓言。由于陈平"识时务",所以吕后就让陈平任右丞相,一直干到吕后也驾崩。

吕后驾崩后,陈平和周勃就联手把吕家的人杀了个干干净净。周勃也是喝了马血的人,后来两人就迎接汉文帝继位,总算对得起刘邦的那碗马血,可惜王陵没有活到这一天。

我们可以看出,刘邦以及他的核心团队,都能做到以柔克刚,能屈能伸,能够随时放弃自己的面子和尊严,从而保全自己和团队。正是这种做事的方式和风格,才让他们走到了最后,走向了胜利。

第二节　项羽的以刚克刚

项羽遇到问题的解决思路就非常直接:你硬我比你还硬,你狠我就不要命。在项羽的字典里似乎就没有"柔弱"这两个字。那么这种方式是不是不好?不能说不好,关键要看对手和环境。成就项羽的正是这种做事方式,比如巨鹿之战;同时摧毁项羽的也是这种做事方式,比如楚汉战争。

我们先看下巨鹿之战,这是项羽的封神之战,让项羽直接走上了权力的巅峰。

谋事在人

秦末时期各地的起义军如雨后春笋般冒出,最早出来的就是陈胜、吴广,他们做梦也没有想到造反会这么顺利,秦朝这么不堪一击。所以取得一定地盘后,陈胜就称王,然后开始向全国各地输出起义的种子,比如赵国的建立就是陈胜输出的果实。后来,新建立的赵国也迅速强大,兵力也有五六万,雄踞一方。不幸的是,这个时候陈胜失败了,但是起义的熊熊大火已经开始燎原,丝毫不影响赵国的继续发展。

与此同时,刘邦和项梁也分别竖起了起义的旗帜,不同的是刘邦发展缓慢,项梁发展迅速。一年不到,项梁就拥有了近十万精兵,是货真价实的王。要想再做大,就必须竖立一杆大旗。于是项梁找来了楚国的一个没落贵族作为旗帜,这就是后来的楚怀王。所以楚怀王就成了这边起义军的名义领袖,定都彭城,也就是今天的徐州。尽管楚怀王没有实际权力,但是这个"品牌"是货真价实的,所以也起到了一定的凝聚力的作用。慢慢地,很多小的起义军开始向这边投靠,包括刘邦。后来项梁不幸战死,使得楚怀王的权力进一步增强,楚怀王迅速收编军队,重新分配权力。由于项梁是项羽的亲叔叔,因此项羽的权力就明显被削减了。

这个时候,北方刚建立不久的赵国被秦将章邯率领的几十万大军围攻(至少20万人,因为后面项羽坑杀的就差不多有20万人),这对于赵国来讲几乎是灭顶之灾。不幸中的万幸，赵国把军力正好分为两部分，一部分在巨鹿城内，由赵王和张耳统领；另一部分在城北，由陈馀率领。但是赵国总兵力也就在5万人左右，于是赵国迅速向兄弟起义军们请求支援。燕国、齐国和楚国三个新建立的国家都派了军队过来，其中项羽的部队就是代表楚国过来的。

项羽带的部队有多少人呢？司马迁没有具体交代，我估计在5万人。有两个根据：一是当时楚怀王手里的部队至少在10万人以上，兵分两路，一路随刘邦西征咸阳，另一路随项羽北上救赵。但是给刘邦的部队不足1万人，因为刘邦到了陈留县才凑足1万人马，这也不怪楚怀王，毕竟刘邦和人家没有太多交情。而北上救赵这支部队总指挥是宋义，楚怀王非常信任和欣赏他，所以给的部队一定比刘邦多，但是再怎么信任都不会把全部人马给宋义，毕竟根据地还是需要巩固的。二是项羽夺取指挥权之后，到达巨鹿城，先派出2万人打先锋，可见项羽的部队不止2万人。从这两个史实来分析，项羽的部队应该在5万人左右是比较合理的。

项羽到达赵国后，对形势进行了简单分析：城内大约一两万人，不断在拼命防守；城外有近10万人（包括前来支援的诸侯国部队），但他们面对强大的秦军，只能作壁上观，不敢出击。陈馀曾派出5 000人冲击秦军，没想到没多久就被消灭殆尽，犹如羊入狼群。这下陈馀

和燕国、齐国的部队更不敢主动出击秦军了,双方只能僵持。关键是这种情况都僵持一个多月了,不仅起义军的粮食补给出现危机,连军心都开始动摇了。而秦军对巨鹿城也是久攻不下,负责攻城的主帅是王离,也就是秦朝名将王翦的孙子。秦军的补给也遇到了困难,这时候秦军主帅章邯为了保障前线的补给,亲自率领一支部队专门做后勤保障工作,所以秦军就这样分为两部分。这就是项羽介入前巨鹿之战的实际情况。

为什么王离攻不进巨鹿城呢?原因或许只有一个,那就是城内的百姓全民皆兵,没有退路,誓死保卫家园。

在这种情况下,项羽派出了先锋部队2万人先渡河去攻击王离,主帅是英布和蒲将军。这2万人和王离多次交战,仅能取得微弱胜利,司马迁形容是"战少利"。于是项羽决定孤注一掷,率领剩下的所有士兵一起渡河,每个人只带3天的干粮,渡过河后把船全部凿沉,把锅全部砸烂,以示必死的决心,没有退路,要么死亡,要么胜利。这就是破釜沉舟。士兵在这种情况下,作战热情高涨,爆发出了惊人的战斗力,以一当十,经过多次冲锋,终于把秦军的后勤补给线切断了,把秦军彻底分割为两块,首先把王离包围起来了。又经过多次冲杀,终于把王离打败了,并俘虏了王离。于是巨鹿城得救,这时候作壁上观的诸侯军们面面相觑,都不好意思看楚军。司马迁说,这些诸侯军的将领们去见项羽,都是跪着进去的,都不敢仰视项羽,"入辕门,无不膝行而前,莫敢仰视"(《史记·项羽本纪》)。描述虽然有些夸张,但想来他们对项羽的作战能力肯定十分佩服。

剩下的就是章邯的这支部队,项羽带着恢复了信心的诸侯军,又对章邯冲击了几次,章邯就开始动摇了,于是双方坐下谈判,项羽最终接受了章邯的投降,全面接管秦军。

巨鹿之战以项羽的全面胜利而结束,这种胜利是畅快的、干脆的,没有一丝的迂回和委曲求全。这就加固了项羽的思维,认为军事问题就要在战场上解决,不要废话。

但是很多时候,军事问题并不是纯粹的、孤立的军事问题,而是政治问题或者其他问题的延伸,比如楚汉战争。

刘邦和项羽的楚汉战争,表面上是战争问题,本质上是政治问题,是双方治国理念的问题,是民心取向的问题。

首先是关中百姓的民心。为什么刘邦开始讨伐项羽的时候,关中地区会迅速投靠刘邦,成为刘邦坚强的后盾?因为刘邦最初进入关中就留下了好印象,不仅对百姓秋毫无犯,而且废除了秦朝严苛的法律,还不杀秦王子婴;而项羽则完全相反,不仅杀了秦王子婴,还火烧秦宫殿,抢劫一空后就回老家彭城了,最重要的是还坑

杀了20万秦朝已经投降的军队。关中百姓对项羽恨之入骨。

其次是项羽分封天下不公,几乎没有几个诸侯满意分封结果。项羽刚分封完,诸侯之间就开始互相征伐,刘邦就乘虚开始拉拢这些诸侯,拉拢一批打压一批,很快团结了一大批诸侯在身边。

最后就是项羽不懂得反思。这么多诸侯,甚至得力干将也背叛他,他不反思真正的原因,反而埋怨天。比如陈平、韩信的出走,范增的负气离开,甚至英布在他攻打齐国时仅仅派出四千部队象征性支援……这些都没有引起项羽的重视,或者说就算注意到了也没有采取相应的行动。到后来四面楚歌的时候,刘邦、韩信、彭越、英布4个人的部队把项羽围困在垓下,项羽还认为他的失败不是军事的失败,是上天要亡他。这话他确实对了,确实是"上天"要亡他,只不过这个"上天"就是民心。

民心是掌控不了、左右不了的,就像大河一样,只能顺着水流走。顺之者昌,逆之者亡。而项羽恰恰缺乏这个思维,喜欢逆流而上,不会委曲求全,这也注定了他的悲剧。

柔弱不是委曲求全,而是要顺应趋势,遵守事物发展的规律。所以从根本上讲,项羽巨鹿之战的成功正是因为他顺应了时代的趋势——全国都在反抗秦朝;项羽在楚汉之争中的失败则是因为他违逆了时代的趋势——全国需要统一与和平,而不是割据和战争。

第三节　吕后的强硬手段与反噬

吕后虽然在沟通方面懂得示弱,但是在做事方面刚硬无比。有时候,吕后面对强者也会不得不低头,但是面对弱者,她从来不会手软。所以做事强硬才是吕后的真正本色。

一、对刘邦的儿子痛下杀手

前面我们讲过刘邦一共有 8 个儿子,等吕后去世的时候,只剩下了 2 个儿子:老四刘恒和老七刘长。老四刘恒因为小心翼翼躲在边疆地区才免遭毒手;老七刘长因为母亲生下他就上吊了,从小由吕后抚养,所以没有遭到吕后灭口。

老大刘肥的死有争议,自从被吕后夺了一个郡之后,刘肥便对吕后心怀忌惮,在刘邦去世后的第六年就死了。

老二就是孝惠帝,老大去世后的第二年驾崩,才 23 岁。孝惠帝尽管是吕后的亲生儿子,但他的早逝吕后也负有不可推卸的责任。

老三是刘如意,戚夫人的儿子,吕后最先杀害的人,也是死的最年轻的儿子。

老五刘恢,属于无奈自杀,也是吕后的间接功劳。"梁王恢之徙王赵,心怀不乐。太后以吕产女为赵王后。王后从官皆诸吕,擅权,微伺赵王,赵王不得自恣。王有所爱姬,王后使人酖杀之。王乃为歌诗四章,令乐人歌之。王悲,六月即自杀。太后闻之,以为王用妇人弃宗庙礼,废其嗣。"(《史记·吕太后本纪》)意思是说:刘恢非常讨厌吕后给他找的老婆,这个老婆也是极度嚣张跋扈,最后刘恢悲愤自杀。

老六刘友,被吕后活活饿死。"七年正月,太后召赵王友。友以诸吕女为后,弗爱,爱他姬,诸吕女妒,怒去,谗之于太后,诬以罪过曰:'吕氏安得王!太后百岁后,吾必击之。'太后怒,以故召赵王。赵王至,置邸不见,令卫围守之,弗与食。其群臣或窃馈,辄捕论之。赵王饿,乃歌曰:'诸吕用事兮刘氏危,迫胁王侯兮强授我妃。我妃既妒兮诬我以恶,谗女乱国兮上曾不寤。我无忠臣兮何故弃国?自决中野兮苍天举直!于嗟不可悔兮宁蚤自财。为王而饿死兮谁者怜之!吕氏绝理兮托天报仇。'丁丑,赵王幽死,以民礼葬之长安民冢次。"(《史记·吕太后本纪》)意思是:刘友也不喜欢吕后给他安排的老婆,被自己的老婆暗算,最后被吕后囚禁,竟然活活被饿死。

老八刘建,莫名其妙去世,吕后顺便把他的儿子斩草除根,接着把他的封国也转封给了吕家。"九月,燕灵

王建薨,有美人子,太后使人杀之,无后,国除。八年十月,立吕肃王子东平侯吕通为燕王。"(《史记·吕太后本纪》)

从吕后对待刘邦的这几个儿子的手段来看,晚年的吕后手段强硬,不顾"法律"。吕后的做法就是典型的"小股东"想吞并整个"公司",她已经完全不顾"公司法"的约束了。

二、对亲孙子痛下杀手

更让人意想不到的是,吕后对自己的亲孙子也敢痛下杀手,她是要彻底根除刘家人。这是刘家最血腥的教训,所以我们不难理解为什么汉武帝对女人会如此不放心。

《史记·吕太后本纪》是这样描述的:

> 宣平侯女为孝惠皇后时,无子,详为有身,取美人子名之,杀其母,立所名子为太子。孝惠崩,太子立为帝。帝壮,或闻其母死,非真皇后子,乃出言曰:"后安能杀吾母而名我?我未壮,壮即为变。"太后闻而患之,恐其为乱,乃幽之永巷中,言帝病甚,左右莫得见。太后曰:"凡有天下治为万民命者,盖之如天,容之如地,上有欢心以安百姓,百姓欣然以事其上,欢欣交通而天下治。今皇帝病久不已,乃失惑惽

乱,不能继嗣奉宗庙祭祀,不可属天下,其代之。"群臣皆顿首言:"皇太后为天下齐民计,所以安宗庙社稷甚深,群臣顿首奉诏。"帝废位,太后幽杀之。五月丙辰,立常山王义为帝,更名曰弘。

因为孩子是孝惠帝和其他女人生的,不是皇后生的,也就是说不是吕家的女人生的,站在吕后的角度来讲就是血统不够纯正。但是无论如何,他都是孝惠帝的亲生儿子,吕后的亲孙子,吕后竟也罔顾人伦,痛下杀手,手段之强硬可见一斑。

三、强硬做法的反噬

人的生命是有限的,吕后经过这一系列做法后,吕家几乎把持了整个长安城,但也仅仅是长安城,因为吕家的人再多也没有开国元勋多。所以在吕后去世后,这些开国元勋一下子就聚集了起来,风卷残云一般把吕家收拾了,为了以绝后患,他们还把吕家彻底斩草除根了。以后在汉朝的历史上,再也看不到一个吕家人。这就是吕后这个强硬女人付出的代价,吕家因她而起,也因她而坠入深渊,万劫不复。

四、唯一能对抗吕后的女人

能对抗吕后强硬作风的只有薄夫人。薄夫人不仅完美躲避了吕后的迫害，保全了自己和儿子，最后还"逆袭"成功，让自己的儿子当上了皇帝，即汉文帝。对抗强硬的人绝不能硬碰硬，只能以柔克刚，这一点是薄夫人与生俱来的优点。

薄夫人的经历非常传奇也非常坎坷，她虽然长相不是很出众，但是心地善良，性格很好，经历过不少大风大浪。

关于薄夫人的故事在《史记·外戚世家》中描述得非常生动：

> 及诸侯畔秦，魏豹立为魏王，而魏媪内其女于魏宫。媪之许负所相，相薄姬，云当生天子。是时项羽方与汉王相距荥阳，天下未有所定。豹初与汉击楚，及闻许负言，心独喜，因背汉而畔，中立，更与楚连和。汉使曹参等击虏魏王豹，以其国为郡，而薄姬输织室。豹已死，汉王入织室，见薄姬有色，诏内后宫，岁余不得幸。始姬少时，与管夫人、赵子儿相爱，约曰："先贵无相忘。"已而管夫人、赵子儿先幸汉王。汉王坐河南宫成皋台，此两美人相与笑薄姬初时约。汉王闻之，问其故，两人具以实告汉王。汉王心惨然，怜薄姬，是日召而幸之。薄姬曰："昨暮夜妾梦苍龙据吾腹。"高帝曰："此贵征也，吾为女遂成之。"一幸生男，是为代王。其

谋事在人

后薄姬希见高祖。

高祖崩，诸御幸姬戚夫人之属，吕太后怒，皆幽之，不得出宫。而薄姬以希见故，得出，从子之代，为代王太后。

这段话翻译过来的大意是：薄夫人原来是魏王豹的嫔妃。一次偶然的机会，薄夫人的母亲碰到了秦朝著名的相师徐负，就让徐负给自己的女儿薄夫人看相。徐负断定薄夫人一定会生天子，贵不可言。没想到魏王豹比薄夫人还高兴，因为薄夫人会生天子，薄夫人又是自己的女人，按照逻辑他就应该是天子。于是魏王豹就不想掺和刘邦和项羽的争霸战了，开始坐山观虎斗。刘邦一看魏王豹想要坐收渔翁之利，于是就派人把魏王豹给收拾了，顺便也把他的老婆们都送到了自己的后宫。尽管薄夫人有点姿色，但是放在刘邦的后宫还是不太出众，所以薄夫人进宫一年多都没有得到过刘邦的垂青。又是一个偶然的机会，刘邦正在和两位美女一起喝酒逗乐，这两位美女突然想到他们和薄夫人三人曾经有个约定——以后谁发达了都不要忘了其他的姐妹。刘邦一听，便马上让她们把薄夫人招来，于是薄夫人就从织布机前被叫到了刘邦面前。薄夫人毕竟也是见过大场面的人，上前不卑不亢说："昨晚我正好做了一个梦，梦到一条龙盘在我的肚子上。"刘邦也不含糊，马上说道："那就对了，今天我就成全你。"一夜之后，薄夫人竟然怀孕了，不久之后生下一个男孩，这就是后来的汉文帝刘恒。可能刘邦公务繁忙，自此之后，刘邦再也没有管过薄夫人。也正是基于这个原因，薄夫人才侥幸从吕后的手中逃脱，顺利出城进入自己儿子的封地——代国。

能出城不代表就能逃出吕后的控制，吕后也安排了大量间谍监视刘恒和薄夫人，甚至也可能给刘恒安排了吕氏的王后，只不过刘恒没有表现得像其他几个兄弟那么激烈，夫妻关系也没有处得那么紧张。总之在代地，薄夫人和刘恒也是小心翼翼活着，生怕哪点做得不到位得罪吕后。当吕后提出要给刘恒换到条件更好的赵国时，刘恒马上拒绝，表示自己愿意替国家驻守边疆。

所以吕后驾崩后，大臣们就想到了刘恒，结合薄夫人一贯置身事外的做法，经过反复权衡，认为刘恒更适合做皇帝，至少不会再有外戚乱政。客观来讲，刘恒能够逃出吕后的毒手，也有他母亲一直表现得柔弱无害的原因在；刘恒能当皇帝，至少一半的功劳要归功于他母亲从不插手政事。薄夫人凭柔弱躲过了吕后，也赢得了大臣。

第四节　汉文帝的与狼共舞

中华民族一直有两种文明——农耕文明和游牧文明，这两种文明在历史的长河中不断碰撞交融，有时此

消彼长，有时势均力敌。农耕文明的特点就是以种植农作物为主业，居住在现在的长城以南；游牧文明的特点是以放牧为主，主要居住在现在的长城以北。所以长城就是这两种文明最好的见证者和亲历者。

在汉代，游牧文明的代表就是匈奴，农耕文明的代表就是汉王朝。巧合的是，在刘邦建立汉朝政权的时候，匈奴也几乎同时完成了草原部落的统一。草原统治者的称呼为单于，他们完成统一大业的单于叫冒顿。冒顿和刘邦的初次交手就是平城之战，然后刘邦就被围困在了白登山七天七夜。逃出来的刘邦明显感觉汉朝还不是匈奴的对手，于是采取了和亲政策，双方和平相处。

到了吕后执政时期，冒顿又变得非常嚣张，直接写信调戏吕后。满朝文武感觉受到了奇耻大辱，发誓要发兵讨伐匈奴，结果被季布分析说服后才作罢。最后吕后用非常谦卑的口吻给冒顿写了回信，声称自己年老色衰不能陪伴他，愿意继续和亲，双方继续和平相处。

到了汉文帝时期，冒顿又开始对汉朝虎视眈眈。在汉文帝执政的第三年（公元前177年），冒顿派匈奴的右贤王杀入汉朝边境，烧杀抢掠。汉文帝迅速派出灌婴率领八万五千骑兵进行阻击，但也仅是把匈奴赶出边境，并未深入草原。

随后汉文帝就收到冒顿的信（公元前176年），冒顿辩解说他没有派右贤王袭击汉朝边境，之前的事是右贤王的私自行为,不过他也惩罚过了右贤王。汉文帝看到这封信无话可说,所以就没有搭理冒顿。过了两年(公元前174年),汉文帝才客气地回了一封无关痛痒的信。

没过多久,冒顿就死了,他的儿子稽粥立为单于,也称老上单于。

在汉文帝执政的第14个年头(公元前166年),是老上单于继位的第八年,他亲自率领14万大军大举杀入汉朝边境,而且还杀死了边防军区总司令北地都尉孙卬,杀掠民众上万人。汉文帝脾气再好也不能忍受,迅速集合了几十万铁骑,准备御驾亲征。最后还是被他的母亲薄太后硬是扣留了下来,这场战役最后也是不了了之,因为等汉朝的大军赶到的时候,匈奴已经跑得无影无踪了。匈奴为什么会有这么一场大的入侵或者说是违约行为,主要原因是一个大汉奸的出现,后面我会简单介绍下这个大汉奸。这场入侵之后,匈奴日益骄横,经常骚扰汉朝边境,但是每次汉朝都只是把他们逐出边塞,并没有对他们造成实质伤害。后来汉文帝给老上单于写了封信,说大家曾经都约定好了,互不侵犯,老上单于为什么要违约。之后,老上单于才收敛了许多。

又过了六年(公元前160年),老上单于终于死了,他的儿子军臣单于继位。没想到军臣单于又重新重用了那个大汉奸,两年后(公元前158年)又对汉朝发起了入侵,向上郡和云中两个地方各派出3万铁骑。汉文帝

也组织了 3 名将军迎击，同时还任命了 3 名将军戍守长安城，周亚夫就是在这次战役中进入了历史的舞台。双方不再和亲。

数月之后（公元前 157 年），汉文帝驾崩。

在汉文帝执政的 23 年时间里，熬死了两位单于（冒顿和老上）。匈奴大举入侵了三次：右贤王入侵了一次，老上单于入侵了一次，军臣单于入侵一次。其中后两次都和大汉奸有关。所以必须介绍下这个汉奸。

在老上单于继位的时候，按照双方的约定，汉朝会送一位宗室的公主过去和亲，其中有一个随行宦官叫中行说。这个太监很有个性，他说不想去，如果去了就一定会辅佐匈奴祸害汉朝。但有谁会在意一个小小太监的话呢，所以中行说就作为陪嫁被送到了匈奴。

没想到这个太监凭着能言会道的口舌功夫，很快得到了匈奴单于的信任。这个中行说故意挑拨离间，专门教匈奴怎么对付汉朝，怎么祸害边境百姓。

司马迁在《史记·匈奴列传》中是这么描写中行说的：

> 自是之后，汉使欲辩论者，中行说辄曰："汉使无多言，顾汉所输匈奴缯絮米糵，令其量中，必善美而已矣，何以为言乎？且所给备善则已；不备，苦恶，则候秋孰，以骑驰蹂而稼穑耳。"日夜教单于候利害处。

翻译过来就是：从此以后，汉朝使者中有想要和匈奴沟通的，中行说就会说："你们不用那么多废话，只要汉朝送运给匈奴的丝绸、粮食、酒曲，使其数量足够，而且质量好就可以了，哪有讨价还价的余地？如果数量不完备，质量又粗劣，那么等到秋天庄稼成熟的时候，我们就要驱马践踏你们的庄稼了。"中行说每天都向单于指点汉朝的要害之地。

这是典型的汉奸，他的危害性比敌人还严重，当然，像这样的汉奸绝不止中行说一人。

之所以有汉奸，之所以软弱，总体来讲还是因为汉文帝时期的军事力量没有匈奴强大，我们从汉文帝和冒顿的两次通信也能深深地感受到这种无力感。

我们先看冒顿给汉文帝的信（公元前176年）：

> 天所立匈奴大单于敬问皇帝无恙。前时皇帝言和亲事，称书意，合欢。汉边吏侵侮右贤王，右贤王不请，听后义卢侯难氏等计，与汉吏相距，绝二主之约，离兄弟之亲。皇帝让书再至，发使以书报，不来，汉使不至，汉以其故不和，邻国不附。今以小吏之败约故，罚右贤王，使之西求月氏击之。以天之福，吏卒良，马强力，以夷灭月氏，尽斩杀降下之。定楼兰、乌孙、呼揭及其旁二十六国，皆以为匈奴。诸引弓之民，并为一家。北州已定，愿寝兵休士卒

养马,除前事,复故约,以安边民,以应始古,使少者得成其长,老者安其处,世世平乐。未得皇帝之志也,故使郎中系雩浅奉书请,献橐他一匹,骑马二匹,驾二驷。皇帝即不欲匈奴近塞,则且诏吏民远舍。使者至,即遣之。(《史记·匈奴列传》)

区区三百字的书信,有两百字都是耀武扬威,说是惩罚右贤王,实际是表扬右贤王的功绩。

所以汉文帝拖到两年后(公元前174年)才给他写了回信:

皇帝敬问匈奴大单于无恙。使郎中系雩浅遗朕书曰:"右贤王不请,听后义卢侯难氏等计,绝二主之约,离兄弟之亲,汉以故不和,邻国不附。今以小吏败约,故罚右贤王使西击月氏,尽定之。愿寝兵休士卒养马,除前事,复故约,以安边民,使少者成其长,老者安其处,世世平乐。"朕甚嘉之,此古圣主之意也。汉与匈奴约为兄弟,所以遗单于甚厚。倍约离兄弟之亲者,常在匈奴。然右贤王事已在赦前,单于勿深诛。单于若称书意,明告诸吏,使无负约,有信,敬如单于书。使者言单于自将伐国有功,甚苦兵事。服绣袷绮衣、绣袷长襦、锦袷袍各一,比余一,黄金饰具带一,黄金胥纰一,绣

十匹,锦三十匹,赤绨、绿缯各四十匹,使中大夫意、谒者令肩遗单于。(《史记·匈奴列传》)

汉文帝的回信几乎没有任何的实质意义,大部分篇章是重复单于书信的内容,尤其是重复惩罚右贤王的情节,而且还得出结论,认为这个惩罚挺好,不用再惩罚了。可想而知,当汉文帝说出这些连自己都不信的话时,心里有多么不甘,但是打又打不过,还能怎样呢?弱国无外交,自古都是这样。

为什么冒顿这么豪横呢?因为他确实有豪横的资本。

冒顿是杀父自立为王,上位之后兼并了左右几十个草原部落,短短几年的时间就拥有了30万骑兵。这个时间段,中原还处于混战状态,刘邦还没有建立汉朝,甚至汉朝建立后也没有像样的骑兵。所以在接下来的平城之战中,冒顿率领40万骑兵把刘邦围在了白登山。"匈奴骑,其西方尽白马,东方尽青䮵马,北方尽乌骊马,南方尽骍马"(《史记·匈奴列传》),匈奴骑兵的这个战斗力就相当于现在的40万门大炮,而且是能快速移动的大炮。反观刘邦做皇帝时,连4匹同颜色的战马都找不出来,这就是差距。战马在冷兵器时代是绝对的战斗力代表,没有绝对优势数量的优良战马就不可能打胜仗,而这恰恰是汉朝的短板。

到了汉文帝时期,汉朝军事情况好转了很多,至少

马匹的数量上来了,但是质量还是有不小差距。

历史对"文景之治"的定义是富强和平,实际上只对了一半,富裕是肯定的,但是没有绝对的和平,尤其是边境地区,而且此时汉朝的军事力量也并没有我们想象的那么强大。

第五节　汉景帝做到了"北方无战事"

汉景帝执政 16 年,他的对手一直是军臣单于。军臣单于在汉文帝期间听信大汉奸中行说大举入侵过汉朝,事后双方又通了信,可能是感觉自己理亏或者其他什么原因,军臣单于后面再也没有发动过大的入侵。所以汉景帝时期,汉朝和匈奴的关系是:小摩擦不断,大规模战争没有。用《史记·匈奴列传》的话说就是:"终孝景时,时有小人盗边,无大寇。"

汉景帝刚继位(公元前 156 年),匈奴就入侵了汉朝的代国边境,但是规模不大,造成的损失也不大。所以不知道此次入侵是不是军臣单于对汉朝新皇帝的试探,总之,双方很快恢复和亲,并开通双边贸易。客观来讲,汉民族离开草原民族可以生存,但是草原民族离开汉民族可能是无法生存的,因为他们日常生活中需要的十分重要的东西——茶叶和铁器,需要从汉朝进口。虽然他们也从汉朝大量进口盐和谷物,但毕竟草原上也有地方产盐和谷物,只有茶叶和铁器几乎99%是从汉朝进口的。所以双边贸易对汉朝是活跃经济,对于匈奴则有关生死存亡。

在两年后的吴楚七国之乱中,赵国勾结匈奴准备推翻中央朝廷。幸运的是,赵国很快被中央军打败了,匈奴一看已经没有机会了,就没有继续入侵边境。但是这也给汉景帝上了一课,即边境必须由中央朝廷接管,靠诸侯国守边风险太大,尤其是北方的边境。在结束吴楚七国之乱后,汉景帝大刀阔斧地改革,把所有的边境地区全部收归中央政府。北边的燕、代等诸侯国的边境郡县无条件被没收;南边的吴、淮南、长沙等边境郡县也无条件被没收;齐、赵、梁、楚等国内的名山、关口、湖海等统统收归中央。在汉景帝执政后期,诸侯大国拥有的城池不超过10个,和现在的一个县级城市差不多;小侯的土地甚至只有数十里地,和现在的村庄差不多,也就相当于一个村长。而且中央管辖的郡县犬牙交错,互相制衡。

在汉景帝执政的第十年(公元前147年),匈奴入侵燕地,汉景帝宣布由于匈奴违约,停止和亲,关闭贸易。

次年(公元前146年),匈奴王(匈奴王有大有小,小的部落首领也称之为王)来投降,《史记·匈奴列传》中有的地方说是2个,有的地方说是7个,不管是几个匈奴王,过来投降这件事情确实发生了,并且这些投降的

匈奴王全部被封为列侯。当时的丞相是周亚夫,他明确反对接收投降的匈奴,而且反对给他们封侯,周亚夫认为这些人不忠不孝,这样做怎么教育臣子呢?所以因为这件事情,周亚夫和汉景帝闹得非常不愉快,没多久周亚夫就辞职不做丞相了。

又过了三年(公元前143年),匈奴入侵上郡,造成了一些小的损失。

紧接着,第二年(公元前142年)一月份,郅都主动出击匈奴,虽然没有记载这次郅都的战果,但是《史记·匈奴列传》中一句话:"郅将军击匈奴,酺五日。""酺"字意思是:国有喜庆,特赐臣民聚会饮酒。从这里可以推断,郅都是有战功的,可能战功还不小,甚至值得全国庆贺。那么为什么对郅都没有奖赏?甚至没有详细记载呢?后面我们详细分析。

在郅都出击匈奴后的两个月,也就是三月份,匈奴杀入雁门关,又是一番烧杀抢掠。那这时候郅都又跑哪里了?

第二年(公元前141年)汉景帝驾崩,但是军臣单于还活着,后面他将迎来人生的强敌汉武帝。

总体来看,汉景帝时期汉朝边境压力还是比较小的,匈奴并没有造成很大的伤害,所以时局也是相对和平的,老百姓也是幸福的。

汉文帝时出了一个大汉奸中行说,汉景帝时则出了一个硬骨头郅都。所以我们也非常有必要把郅都隆重介绍一下,尽管他没有像卫青、霍去病那样彪炳史册。

郅都成名比较早,在汉文帝时期就已经进入核心领导层的视野。当时郅都以中郎将(贴身顾问)的身份服侍汉文帝,有一次随着汉文帝在皇家园林游玩,汉文帝的宠妃贾姬去上厕所,突然一头野猪冲进了女厕所,贾姬大喊救命。这时候汉文帝赶快让身边的郅都前去帮忙,但郅都权当没有看见,不搭理汉文帝。汉文帝听着贾姬在厕所大喊大叫,自己也是心疼,于是拿着兵器就准备往女厕所里冲,这时候郅都突然眼睛灵光了,马上跪在地上说:"死一个女人算什么,皇上你还少女人吗?皇上你怎么这么不自重呢,万一你有个三长两短,江山社稷怎么办呢?"汉文帝拿着兵器是去也不对,不去也不对,幸好这头野猪被贾姬的喊叫声也吓跑了,及时结束了汉文帝的尴尬处境。这件事情发生后,薄太后重重赏了郅都一百斤金子。通过这件事我们可以看出,郅都不是那种左右逢源的人,有点像是"愣头青"。

到了汉景帝时期,郅都终于得到重用,汉景帝任命郅都为济南太守,也就是济南市市长兼任市委书记的角色,是真正的实权派。在汉景帝时,虽然诸侯国的实力大大被削弱了,但是地方豪强慢慢起来了。在济南就出现了强大的宗族势力,其影响力甚至已经超过当地的朝廷,到了不得不处理的地步。郅都到任后,不到半年就

把以瞷氏为首的宗族势力彻底铲除，宗族的头目直接砍头，剩下的马上作鸟兽散。郅都在济南不到一年的时间，将此地治理的路不拾遗，治安空前的好。这就是郅都的做事风格，不搞那些花里胡哨的表面工作，直接从根上解决问题，不管有多硬的根都要连根拔起。

郅都做官就是这样，没想着发财，也没想着捞好处，只有忠诚和廉洁，一身正气。因此汉景帝十分重用他。但是这样的人除了领导喜欢外，其他人都讨厌，尤其是文人，所以司马迁把郅都列为酷吏，对他的严酷大书特书，但是对功劳一笔带过。

鉴于在济南的良好表现，郅都很快就被调回中央并升为中尉，同时接管北军（京师的警卫部队），负责京城的治安。在郅都的治理下，虽不说长安城会像济南城一样路不拾遗，但是王公贵族看到郅都就像见到阎王一样，都是侧目看郅都，并给郅都起了一个外号"苍鹰"。

天子脚下是非多，不出所料，郅都得罪了他得罪不起的人。汉景帝的废太子临江王刘荣犯了法，来到京城接受问话，暂时扣押在郅都的家中，刘荣想要笔和纸写事情的经过，但是郅都不提供。最后刘荣从他老师窦婴那里拿到了笔和纸，写完事情的经过后竟然自杀了。这下任凭郅都怎么辩解都没有用了，刘荣是皇帝的亲儿子，原来更是太子。幸运的是，汉景帝并没有责怪郅都，但是窦太后把全部责任都算在了郅都头上，然后罗列了一列罪名，硬是把郅都给免官了。

然而郅都毕竟"好用"，所以汉景帝派使节亲自到郅都的家中任命他为雁门太守，而且告诉郅都千万不要来京城谢恩，直接到雁门上任。就这样郅都才有了戍守边疆的机会，雁门直接对抗的就是匈奴，太守的主要职责就是防守匈奴。郅都的能力有多强，我们看看《史记·酷吏列传》是怎么描述的："匈奴素闻郅都节，居边，为引兵去，竟郅都死不近雁门。匈奴至为偶人象郅都，令骑驰射莫能中，见惮如此。匈奴患之。"这段话翻译过来就是：匈奴听说郅都有操守，现在驻守雁门，所以就离得远远的，到郅都死之前都没敢靠近雁门。而且匈奴还按照郅都的样子制作了一个木偶作为靶子，竟然没人能够射中，可见匈奴在心里是多么怕郅都。

郅都完美诠释了那句"是金子到哪里都会发光"的谚语。我想郅都驻守雁门的这几年，汉景帝睡觉都踏实。但是匈奴不喜欢他，郅都的同僚不喜欢他。所以当郅都主动出击匈奴并大获全胜后，汉景帝举国欢庆五日，窦太后还是找机会把郅都给处决了，任凭汉景帝怎么求情都没用。这就解释了为什么郅都一月份出击匈奴，三月份匈奴就进攻雁门，因为郅都被窦太后杀了。

郅都就是这样的一个人，国家需要，皇帝喜欢，但是所有人都讨厌。尽管他在那个时代立下了大功，也仅仅在史书上留下了"酺五日"这短短三个字。

面对匈奴,同样是执行和亲政策,汉景帝执政的这16年就是"北方无战事"。

第六节　汉武帝书写了"漠南无王庭"

汉武帝在位54年(公元前141年—公元前87年),其中有15年在跟匈奴打仗,而且有时候一年打2次甚至3次,而且在这54年里还有4年的时间出兵了南越、东越、朝鲜、西南夷和大宛国。所以汉武帝执政时期有19年的时间在打仗,因此国库曾一度空虚。

那么汉武帝的战斗水平如何？具体战绩又怎样呢？如果用客观的数据并把这19年的战争全部拿出来分析,我们就会发现,其实我们一直高估了汉武帝,低估了卫青和霍去病。

或许有人觉得这种说法不对,那么接下来我们就用事实和数据来说话。

公元前134年,马邑诱战。汉武帝派遣精兵30万,命护军将军韩安国、骁骑将军李广、轻车将军公孙贺率主力部队埋伏在马邑附近的山谷中。将屯将军王恢与材官将军李息率3万多人出代郡,准备从侧翼袭击匈奴的辎重并断其退路,一举全歼匈奴主力。结果匈奴没有上当,汉武帝一怒之下斩了王恢泄愤。

公元前129年,汉武帝主动出击匈奴,兵分四路,一路一万骑兵,分别由 4 位将军领导。分别是:李广、公孙贺、公孙敖和卫青。其中李广和公孙贺是老将,卫青和公孙敖都是初出茅庐。结果,李广全军覆没,公孙贺无功而返,公孙敖损失 7 000 人马,只有卫青直捣黄龙,还俘虏了 700 余人。

公元前 128 年,匈奴主动袭击陇西,杀了辽西太守,俘虏了 2 000 多人。汉武帝组织反击,卫青率领 3 万人出雁门,杀敌数千人;韩安国全军覆没;李息无功。

公元前 127 年,卫青从云中出击匈奴,杀敌 2 300 人,俘虏 3 071 人,带回牛羊数百万头。

公元前 126 年,匈奴的军臣单于死了,他的弟弟伊稚斜篡位,军臣单于的太子于单投降汉朝。这年夏天匈奴入侵代郡,杀太守;秋天入侵雁门,杀千人。

公元前 125 年,卫青带领 10 万人马回击匈奴。这次的战绩是:俘获各部众男女 1.5 万人、匈奴小王十余人,带回牲畜几千万头。这次配备的副手为:游击将军苏建(苏武的父亲),强弩将军李沮,骑将军公孙贺,轻车将军李蔡(李广的堂弟,此次一战封侯,随后弃军从仕,最后官至宰相)。

公元前 123 年,总指挥还是大将军卫青,一年之内发动了两次攻击。战绩是:俘虏 1.9 万人,损失 3 千人外加 2 位将军(苏建将军全军覆没,赵信将军投降匈奴)。这一年霍去病跟着舅舅出征,并抓住时机崭露头

角,率领800骑兵杀了2000多人,还俘虏了匈奴的相国、当户、匈奴的季父等一群贵族,一战封侯。

公元前121年,春天,霍去病率领1万骑兵出陇西,杀折兰王、斩卢胡王,灭了全甲国,俘虏了8000多人,带回匈奴休屠王的祭天金人。夏天,霍去病再次出征,到达祁连山,俘虏酋涂王和2500余人,斩首3万多人,俘虏5位王和5位王母,还有单于阏氏(皇后)、王子59人,相国、当户、督尉63人。而霍去病的损失只有3/10。秋天,匈奴浑邪王和休屠王来投降,霍去病负责纳降,当场斩杀8000人,顺利接受投降4万人。这一年李广和张骞一路出击,张骞迷路,李广和匈奴作战几乎全军覆没。

公元前119年,漠北之战。这场战争是汉武帝向匈奴战略进攻的顶点,也是匈奴伊稚斜单于与西汉毕其功于一役的大决战,同时也是汉军在距离中原最远的战场进行的一次规模最大、最艰巨的战役,目的是合围并消灭单于。汉武帝遣大将军卫青、骠骑将军霍去病各率5万骑兵及数万步兵分两路深入漠北,力求彻底歼灭匈奴主力,并组织步兵数十万、马数万匹以保障作战。

卫青出塞后,捕获俘虏,得知伊稚斜单于的准确驻地,便令前将军李广与右将军赵食其两部合并,从东路出击匈奴军侧背,自率精兵直攻匈奴军。卫青大军出塞1000余里,涉过大沙漠,终于与伊稚斜单于相遇。卫青见匈奴军早有准备,便下令用武刚车(四周及车顶以厚革皮覆盖用于防护的战车)环绕为营,随即以 5 000 骑兵向匈奴发起冲击。伊稚斜单于也令万骑出动应战。双方激战,战至黄昏,大风突起,沙砾扑面,两军不相见。卫青乘势急令大军从左右两翼包抄,将匈奴军阵团团围住。伊稚斜单于见势不妙,自料汉兵势众,难以取胜,便率壮骑数百从西北方向突围逃走。

天将黑,汉、匈两军仍在混战,死伤相当。这时,汉军左校捕到俘虏,知道伊稚斜单于已经逃脱,急报卫青。卫青立即遣轻骑连夜追击,主力军随后跟进。匈奴军溃散而逃。至天明,汉军追出 200 余里,未能追上伊稚斜单于,沿途歼敌万余人,进至寘颜山(今蒙古纳柱特山)赵信城(为赵信所建,故名),获得匈奴大批屯粮,补充了军队补给。休整 1 日,尽焚其城及剩余军资而还。此战卫青军歼敌 19 000 人。

霍去病率军出代郡后,北进 2 000 余里,越过大沙漠,与匈奴左贤王部相遇。霍去病指挥汉军发动猛烈进攻,大败匈奴军,俘获屯头王、韩王等 3 人,将军、相国、当户、都尉等 83 人,以 1.5 万人的己方损失,歼敌 7 万多人,左贤王部精锐几乎损失殆尽。左贤王率亲信弃军逃走。霍去病挥军追杀,至狼居胥山,在山上祭天,又在姑衍山祭地,得胜而回。

这一仗,匈奴两路被歼 9 万余人,元气大伤,此后

匈奴远遁,"漠南无王庭",其实力日渐衰落。

五年之后(公元前114年),伊稚斜单于去世,他的儿子乌维继位。汉武帝派出使臣让匈奴向汉朝称臣,结果使臣被扣押。

公元前111年,汉武帝派公孙贺率领5万骑兵,赵破奴率领1万骑兵出塞,结果没有遇到一个匈奴。

公元前106年,卫青大将军去世。自此,汉武帝的好运结束。

卫青带给汉武帝的不只是痛揍匈奴,还有对其他地区的影响。比如:公元前112年出兵南越,一年结束战斗;公元前110年平定东越;公元前109年出兵朝鲜;公元前109年同时出兵巴蜀,出击西南夷等,这些战争都是依赖卫青的战争余威拿下的。

然而,汉武帝所有的荣光在卫青去世那一刻似乎被按下了暂停键,因为有另一个人物出现了,这个人就是李广利。

公元前104年,李广利开始出征大宛国,前后两年多的时间,这个弹丸之地竟然让汉朝损失了近10万人马。

公元前103年,赵破奴率领三万骑兵出征朔方,结果全军覆没。

公元前102年,匈奴大举入侵定襄、云中,烧杀抢掠数千人;右贤王入侵酒泉、张掖,掠数千人。乌维单于在位九年去世（公元前 105 年），他的儿子乌师庐立为单于，在位三年，在公元前 102 年去世。之后，乌师庐的叔叔呴梨湖立为单于，不过当了一年也去世了。

公元前 101 年，呴梨湖的弟弟且鞮立为单于，开始向汉朝示好，被俘虏的赵破奴将军也被放了回来。

公元前 99 年，李广利率领 3 万骑兵出酒泉，击杀右贤王，据说杀敌 1 万，但是他自己的损失是 70%，即死亡 2 万多人。

公元前 97 年，李广利率领骑兵 6 万，步兵 10 万，一起出征朔方，和匈奴大战十天十夜，最后连人带马一起投降匈奴；路博德将军率领 1 万骑兵，全军覆没；公孙敖的 1 万骑兵和 3 万步兵，"战不利"，通俗来讲就是没有打赢；韩说将军的 3 万骑兵，"无所得"。

卫青去世后的六年时间里，汉武帝和匈奴发生了 3 次大规模的作战，其中有 4 支部队全军覆灭，直接损失的人马有 20 万。卫青一生 7 次出击匈奴，斩首和俘虏匈奴 5 万余人，俘获牛羊上千万头，最差的一次战绩也是和匈奴打了个平手；霍去病一生 6 次出击匈奴，4 次为将军，共斩首和俘虏匈奴 11 万人，开辟河西走廊，封狼居胥。

卫青去世后，匈奴的实力并没有完全恢复，而且从上面也可以看出，匈奴在 17 年的时间内换了 4 位单于，可见匈奴内部也没有以前那么团结，所以战斗力也没有

卫青时代强悍。无奈汉武帝的新将领实在没有领兵打仗的才能。

　　现代企业经常讨论平台重要还是人才重要，通过上述分析我们可以得出结论：当一个平台已经存在的时候，人才最重要，重要度远远高于平台本身。同样是汉朝，同样是一个"老板"，甚至用同样的士兵，李广做将军基本是全军覆没；李广利做将军损失没有低于7/10，关键时候还会背叛；卫青做将军，最差战绩也是平手；霍去病做将军，可以一打五，可以孤军深入，可以不需要粮草补给，损失可以控制在3/10以下。其实生活中到处是这样的例子，只是我们常常不太愿意承认而已，就好比汉武帝，临死都认为打胜仗是他的神威所用，打败仗则是神灵指示失误所致。

第七章

成败在于抉择

第七章 成败在于抉择

动善时，直观的解读就是：行动要善于选择时机。俗话说"千里之堤，毁于蚁穴"，意思是：千里大堤可能会毁在一个小小的蚂蚁穴上。为什么会这样呢？因为水看似是静止不动，其实是一直在等待时机，一旦有一个小孔，水就会立刻钻进去，然后不断把孔撑大，最终把大堤冲垮。我们要学习水的这种能力，"静若处子，动若脱兔"，一旦发现机会，哪怕是极小的机会也要迅速捕捉住，然后再努力把机会变大。

刘邦的成就可以说是风云际会，他总是在最初的阶段就能准确抓住机会，并能放大机会；项羽看似抓住了机会，实际上并不能真正善用机会；吕后做事果决，所以坚决而且残酷地铲除了韩信和彭越等功臣，以绝后患；刘恒继位时还有个皇位竞争者刘襄，然而刘恒看到的是天下，刘襄心中只装着齐国，所以在千钧一发之际，刘恒幸运地拨动了改变命运的齿轮，继而开创了一个伟大而富足的时代；汉朝到汉景帝时期，有些社会问题已经到了非处理不可的程度了，于是汉景帝顺势而为；汉武帝吸取前朝教训，杀母立子，杜绝外戚干政，但他似乎忽视了后宫专政的真正原因。

第一节　刘邦的风云际会

我们常常会用无孔不入形容一个人滑头，逮着机会就钻，通常具有一定的贬义。但我不这么认为，因为水就是无孔不入的。一个水桶盛满水，无论你什么时候在上面捅个洞，水都会立即流出，这个特点是老子非常赞赏的优点，也是非常推荐我们学习的地方。比如我们经常会说：机会永远是留给有准备的人，这句话不正好验证了这个道理吗？

反过来也成立，只有时刻准备着的人，一旦发现机会才能抓住。无孔不入反映到个人性格上就是当机立断，刘邦就是这样的人，遇到事情从来不优柔寡断，当断则断，决定了马上执行，错了马上改。所以刘邦很少错失人才，也很少错过机会。

比如刘邦没有起义前曾是个大龄青年，没有结婚，成天和曹寡妇在一起，曹寡妇还给他生了一个男孩。直到遇到吕公，就在一起喝了一次酒，刘邦就同意和吕后结婚了。并不是刘邦贪图吕家的钱财，更不是贪图吕后的姿色，而是他认为自己终于遇到了一个真正懂他的人，一个会真心和全力帮助他实现梦想的家族。事实上，在最初吕家确实给了刘邦很大的帮助，因为后面吕后乱政的原因，历史都刻意对此进行了回避。

比如在鸿门宴，刘邦看到过来通风报信的项伯，就像见到了救命稻草，提出马上结为亲家，毫不犹豫。

比如在楚汉战争的末期，刘邦和项羽已经谈好了以鸿沟为界，各自撤兵。项羽已经回撤，刘邦也准备回撤，这个时候张良说一旦放走项羽，就是放虎归山，后面就更难打了，不如一鼓作气，彻底解决问题。刘邦马上听从了张良的计策，联合韩信、彭越、英布对项羽进行了合围。

还有汉朝建立初期有关定都的事情，一直争论不定，有建议定都洛阳的，有建议关中的，刘邦自己也是一头雾水。最后张良说选择关中，并列举了几个理由，刘邦深以为然，二话不说当天就启程去往关中了……

这类事情还有很多，刘邦总能在事情的重大节点做出正确的选择，基本没有错失过重大的机会。对于人才同样也是如此。

比如半路上遇到张良，两人一交谈，刘邦就感觉张良和其他读书人完全不一样，不酸腐，而且总能把复杂的问题简单化，直指问题的本质。张良也感觉刘邦和其他起义军领导不一样，他给别人讲半天，别人要么认为他太幼稚，要么根本就听不懂。于是张良就死心塌地跟着刘邦，刘邦对张良也是言听计从。

后来又遇到陈平，更是完全信任他，刘邦到哪里都会带上陈平。

至于萧何,那就更不用提了。如果刘邦对张良是敬重,对陈平是信任,那么对萧何则是把身家性命全部托付。

和刘邦完全相反的人物是韩信,韩信虽然战功赫赫,用兵如神,但是在人生大事上总是优柔寡断。我们简单介绍一下这位功高盖主的风云人物。

刘邦在军事上能够打败项羽,至少60%的功劳是韩信的。在韩信攻下齐国,求封为假齐王的时候,刘邦内心是十分不愿意的。但是在这个关键的时刻,张良和陈平从后面踹了刘邦一脚,刘邦立刻意识到问题的严重性,立马改口:"大丈夫做就做真齐王。"因为张良、陈平和刘邦他们都很清楚,此时把齐王给韩信就是顺水人情;不给韩信,韩信也不在乎,手握几十万雄兵,和真正的王有什么区别呢?放眼天下,又有谁能够打败韩信呢?所以刘邦在关键时刻,做出了最正确的选择。

这个情节司马迁在《史记·淮阴侯传》中描写得更是栩栩如生:

> 韩信使者至,发书,汉王大怒,骂曰:"吾困于此,旦暮望若来佐我,乃欲自立为王!"张良、陈平蹑汉王足,因附耳语曰:"汉方不利,宁能禁信之王乎?不如因而立,善遇之,使自为守;不然,变生。"汉王亦悟,因复骂曰:"大丈夫定诸侯,即为真王耳,何以假为!"乃遣张良往,立

信为齐王,征其兵击楚。

面对这巨大的诱惑,韩信内心肯定也经历了激烈的斗争,也有人劝韩信自立为王,不要接受任何人的封赏。其中有一位叫蒯通的说客劝说最厉害,差点动摇了韩信。蒯通说:"近足下戴震主之威,挟不赏之功,归楚,楚人不信;归汉,汉人震恐。足下欲持是安归乎?夫势在人臣之位而有震主之威,名高天下,窃以为足下危之!"韩信谢曰:"先生且休矣,吾将念之。"蒯通一看韩信不听,又劝说:"夫功者,难成而易败;时者,难得而易失也。时乎时,不再来。愿足下详察之!"(《史记·淮阴侯传》)意思就是机不可失,失不再来,上天只会给你一次机会,你自己要好好考虑。最终韩信还是犹豫,不忍心背叛刘邦,又自以为功多,刘邦不会夺了他的齐王。最终蒯通还是劝说失败。

那么韩信会后悔吗?如果再给他一次机会,他还会这样决定吗?我认为即便是再给韩信一百次选择,他依然还会这样决定。我们只需要分析一件事就可以看出韩信的性格,那就是家喻户晓的萧何月下追韩信。

韩信最初是跟着项羽的,他在项羽身边干了近三年,项羽都没有给他升官,官位不过是执戟郎中,没有任何的兵权,可见项羽可能根本就没有采纳过他的建议或者重视过他。当然最后韩信把这个锅推给了项羽,认为是项羽不重视人才。而后他投奔刘邦,但也没有像其他

人一样厚脸皮地要官要权力,韩信还是默默听从安排。或许韩信坚信是金子总会发光的,结果干了几个月,他非但没有发光,还触犯了军法,连同其他13个人一起要被问斩,刀要砍到他头上的时候,他才想起来说:"上不欲就天下乎?何为斩壮士!"意思就是刀下留人,他能帮助刘邦取得天下。可见他别扭到什么程度,如果不是马上要杀他,估计他一辈子都不会说出这么铿锵的话。好在监斩官是刘邦的专职司机夏侯婴,是实权派人物,马上叫停,立刻向刘邦报告他发现了一个人才,刘邦说那就留着先不杀吧。这样韩信才捡回一条小命,都到这个时候了,韩信还是没有坚持去见刘邦,而是又听从安排,刘邦也没有在意这个人才,见都没见就他给升了个小官,先跟着丞相萧何干。

不管怎样,韩信总算可以和核心人物直接沟通了。韩信时不时在萧何的面前展露下才华,来引起萧何的注意。慢慢地,萧何认为韩信确实和其他人不一样,于是和韩信深入交流了一次,更加确定自己的判断。于是就向韩信承诺:"是金子总会发光的,你先别急,我找个机会一定向刘邦好好举荐你,一定给你安排个好位置。"

这个时候的刘邦刚刚被项羽赶到汉中,然而按照约定,刘邦应该是关中之王,结果却被赶进山沟里,做了一个小小的汉王,所以正在气头上,天天生闷气。而韩信等了几个月,也不见萧何有啥动静,他估计萧何已经遗忘了他,心想此处不留爷自有留爷处,于是趁着夜黑风高跑了。

这才有了萧何月下追韩信。我觉得萧何肯定是给刘邦推荐过韩信的,但是刘邦开的条件萧何认为无法让韩信满意,所以也就没有直接回复韩信,因为萧何认为韩信心气太高,就算他不满意,也不会直接说出来,而是会选择时机离开。果然,还没等到谈好条件,韩信就直接跑了,更加坚定了萧何的判断,即这个人必须一次性给足条件才会真正卖命。

萧何把韩信追回之后,直接就去找刘邦了,严肃地告诉刘邦:"诸将易得耳。至如韩信者,国士无双。王必欲长安汉中,无所事信;必欲争天下,非信无所与计事者。顾王策安所决耳。"(《史记·淮阴侯传》)萧何真是在拼命推荐韩信,甚至把韩信定位为"国士无双",而且给韩信要官直接要大将而不是一个普通的将军。此时刘邦是真没有把韩信当人才,而仅是怕韩信再跑了,于是答应了萧何的请求,并且按照萧何的要求"择良日,斋戒,设坛场,具礼"。

韩信被封大将军,仪式非常顺利,也非常隆重,韩信的心气一下就提上来了。仪式结束,刘邦和韩信君臣对坐,刘邦就问韩信,接下来我们该怎么干呢?韩信终于可以讲出自己的军事设想了:暗度陈仓,夺取关中地区;然后东出函谷关,联合齐国、赵国,一起攻打楚国。

我们可以简单总结下韩信前半生的经历：韩信跟着项羽三年，正是项羽的巅峰时期，结果什么成绩都没有；然后跟着刘邦，还差点掉了脑袋；好不容易攀上了刘邦身边的红人夏侯婴，还是没有好好抓住机会；最后碰到了萧何，萧何极力推荐，才获得了刘邦的重用，所以萧何才是韩信真正的伯乐。可见韩信的性格就是缺乏主动性，不善于决断，和刘邦的当机立断正好相反。

韩信的这种性格也导致了他最后的悲剧——成也萧何，败也萧何。

> 陈豨拜为巨鹿守，辞于淮阴侯。淮阴侯挈其手，辟左右与之步于庭，仰天叹曰："子可与言之乎？欲与子有言也。"豨曰："唯将军令之！"淮阴侯曰："公之所居，天下精兵处也；而公，陛下之信幸臣也。人言公之畔，陛下必不信；再至，陛下乃疑矣；三至，必怒而自将。吾为公从中起，天下可图也。"陈豨素知其能也，信之，曰："谨奉教！"汉十年，陈豨果反。上自将而往，信病不从。阴使人至豨所，曰："弟举兵，吾从此助公。"信乃谋与家臣夜诈诏赦诸官徒奴，欲发以袭吕后、太子。部署已定，待豨报。其舍人得罪于信，信囚，欲杀之。舍人弟上变，告信欲反状于吕后。吕后欲召，恐其党不就，乃与萧相国谋，诈令人从上所来，言豨已

得死,列侯群臣皆贺。相国绐信曰:"虽疾,强入贺。"信入,吕后使武士缚信,斩之长乐钟室。

(《史记·淮阴侯传》)

上面一段是《史记》中的原文,此时的韩信已经被夺去了齐王称号和军权,然后又被夺去了楚王称号,变成了淮阴侯。韩信每一次被削权,刘邦都没有费一兵一卒。甚至被软禁在了长安城,韩信还没弄清楚自己的定位,还想着造反,最后竟然被萧何的一封信就骗到了宫中,惨死在吕后的手下。

第二节 项羽的错失良机

如果说刘邦是无孔不入,那么项羽就是单刀直入。几乎同时代的人都认为项羽优柔寡断,尤其是在重大事情上,然而笔者认为,项羽具有很强的杀伐决断的能力。

项羽一开始登上历史舞台就展露了他的杀伐果断。叔叔项梁和会稽郡太守一起商量起义的大事,项梁的一个眼神就可以让项羽斩了太守的头,然后大开杀戒。《史记·项羽本纪》的记录是:"梁眴籍曰'可行矣',于是籍遂拔剑斩守头。"意思就是项梁给项羽使了个眼色,并说"可以开始了",然后项羽就在众多保镖的眼皮底下杀了太守。

后来项羽和顶头上司宋义争论,明明嘴上争论不

过,但是又不敢硬顶。于是过了几天,在开会的时候直接把领导的头砍了,自己取而代之。这个时候项羽的叔叔项梁已经战死,范增和他平级,还不是项羽的参谋。可见这个决定大概率是项羽一个人做的,十分果决。

巨鹿之战就不讲了,完全就是项羽一个人的表演。

对待自己最后的领导——楚怀王,项羽先是违抗命令,接着是驱逐,最后又下黑手,把楚怀王沉入江底。项羽从得到诸侯国的支持,到杀死自己的领导楚怀王,中间的时间不到一年。

还有项羽最得力的助手英布,原来对项羽忠心耿耿,也算是嫡系部队。在得知英布投靠刘邦后,项羽把英布的家眷一下子就斩草除根了。

可见项羽做事情一点都不拖泥带水,雷厉风行。唯独面对刘邦,事情就变了味儿,刘邦总能影响他的判断,让他优柔寡断。

项羽自尊心强,喜欢听好听的话,所以刘邦就是抓住了项羽的这个弱点,使劲给他灌迷魂药。在刘邦赴鸿门宴时,见到项羽就赶快认错,赶快表忠心,项羽一下子感觉晕晕乎乎,杀刘邦的心慢慢就软了下来。以至于范增多次给他使眼色,都不起作用了。《史记·项羽本纪》中的描述是:"范增数目项王,举所佩玉玦以示三,项王漠然不应。"意思是:范增不仅使眼色,还不断地用提前约好的暗号提示项羽,并且多次提示,项羽都无动于衷。

此时的项羽完全像换了一个人一样,被刘邦的"真诚"深深打动,完全把范增的叮嘱抛到了九霄云外。

项羽对刘邦的另一次优柔寡断是楚汉战争时期。具体时间是汉高祖三年,也就是楚汉战争的第三个年头。刘邦带着56万联军偷袭项羽的老家彭城,随后项羽从前线撤回3万骑兵,不到一天就把刘邦打得落花流水,刘邦自己也是落荒而逃,最后逃到荥阳才收集到一些散兵,开始和项羽对峙。项羽追到荥阳后,迅速切断了刘邦的粮道,使得荥阳成了一座孤城,刘邦成了孤家寡人。这时候刘邦又开始表演了,写信给项羽求和,请求项羽把荥阳以西给他,因为本来关中地区就应该是刘邦的,刘邦也算据理力争,同时保证双方互不侵犯。项羽这时候心又软了,开始动摇了。项羽就想答应刘邦的要求,这个时候范增又出来讲话了:"汉易与耳,今释弗取,后必悔之。"意思就是,刘邦这个人不值得信任,今天项羽要是放走刘邦,以后必定后悔。项羽听到这话,同时也想到了鸿门宴没有听范增的话,才有了今天的局面,所以就立马重振精力,准备一举消灭刘邦。

刘邦这边眼看求和不成,只好采用陈平的离间计,万万没有想到一下子就离间了范增和项羽。范增一气之下就辞职回家,离开了项羽。范增一走,项羽要消灭刘邦的决心就没有那么坚定了,刘邦略施小计就逃了出来。

◆ 第七章　成败在于抉择

从项羽的所作所为可以看出，他绝对不是一位优柔寡断，举棋不定的人，而是敢做敢为，雷厉风行。项羽唯独遇到刘邦就变得优柔寡断，这不是项羽变了，而是刘邦太了解项羽，太了解人性。项羽的缺点就是喜欢听奉承话，喜欢对方示弱，而这对刘邦来讲正好是家常便饭。

项羽的成功在于他当机立断，果断抓住时机；项羽的失败恰恰在于他失去了当机立断，在关键时刻又优柔寡断。成败依然在于决断！

第三节　吕后的治之于未乱

孝惠帝能够顺利继位，吕后能够独揽大权，一切都是有迹可循的。吕后至少干了两件大事，震慑住了元老，把控住了朝廷。

一、第一件：智杀韩信

韩信到底有没有造反？

韩信的死因确实是千古之谜！大家都会理所当然理解为"狡兔死，走狗烹"。我们看到的《史记·淮阴侯列传》中对韩信计划谋反的描述如下：

> 陈豨拜为巨鹿守，辞于淮阴侯。淮阴侯挈其手，辟左右与之步于庭，仰天叹曰："子可与言乎？欲与言也。"豨曰："唯将军令之！"淮阴

侯曰："公之所居，天下精兵处也；而公，陛下之信幸臣也。人言公之畔，陛下必不信；再至，陛下乃疑矣；三至，必怒而自将。吾为公从中起，天下可图也。"陈豨素知其能也，信之，曰："谨奉教！"汉十年，陈豨果反。上自将而往，信病不从。阴使人至豨所，曰："弟举兵，吾从此助公。"信乃谋与家臣夜诈诏赦诸官徒奴，欲发以袭吕后、太子。部署已定，待豨报。其舍人得罪于信，信囚，欲杀之。舍人弟上变，告信欲反状于吕后。吕后欲召，恐其党不就，乃与萧相国谋，诈令人从上所来，言豨已得死，列侯群臣皆贺。相国绐信曰："虽疾，强入贺。"信入，吕后使武士缚信，斩之长乐钟室。信方斩，曰："吾悔不用蒯通之计，乃为儿女子所诈，岂非天哉！"遂夷信三族。

其实所有的文章我们都应该辩证来看，比如韩信造反，他为什么选在这个时候造反呢？他为什么不选择手握40万精兵，自己还是齐王时候造反呢？为什么不选择自己是楚王的时候造反呢？他造反的动机是什么呢？他有当皇帝的心吗？他造反是为了自保吗？

陈豨谋反死后，吕后召韩信入宫。但吕后准备的就是一个鸿门宴，其实韩信也能猜到是鸿门宴，所以他是不愿意去的。最后是萧何的坚持，韩信才去的。

最后韩信还是选择相信了萧何,相信了他的伯乐。实际上韩信有没有真的相信萧何?这个真不好说。但是可以肯定的是:萧何已经做了十多年的丞相,长安城就是他一手经营的,所以长安城是萧何的势力范围。而此时的韩信只不过是个被削了兵权,没有一兵一卒的将领而已,因此他不得不去赴宴。

为什么是吕后动手?

因为刘邦的身体已经病入膏肓,时日不多。而且这个时候,外地还有异姓王不断造反,一旦刘邦驾崩,没有谁能驾驭得住韩信,况且很多将领又是韩信的部下。吕后不得不做出最坏的打算,一旦韩信煽风点火,她是无论如何都控制不住局面的。因此,干脆果断出手,先下手为强。

二、第二件:烹杀彭越

彭越的功劳虽然没有韩信的大,但是在楚汉之争中也是有突出贡献的。彭越不仅是合围项羽的四军(刘邦、韩信、英布、彭越)之一,而且在刘邦和项羽荥阳对峙的时候,彭越一直在骚扰项羽的大后方,甚至截获项羽的补给送给刘邦。

彭越是真正的草根出生,完全是白手起家,靠自己打出一片地盘,坐拥数十万人的军队。而且刚创业的时候,还和刘邦并肩作战过,遗憾的是,彭越没有跟随刘邦进军咸阳,而是留在家乡发展。

基于以上原因,刘邦对彭越心底也是感激的;同样,彭越也自认为刘邦不会为难他。从刘邦抓彭越的方式就可以看出,如果彭越真的要反或者认为刘邦不会放过他,他绝不会束手就擒,一定会起兵搏一搏。但是史实就是彭越确实被杀了,理由依然还是谋反。

司马迁在《史记·魏豹彭越列传》中是这么描述的:

> 十年秋(公元前197年),陈豨反代地,高帝自往击,至邯郸,征兵梁王。梁王称病,使将将兵诣邯郸。高帝怒,使人让梁王。梁王恐,欲自往谢。其将扈辄曰:"王始不往,见让而往,往则为禽矣。不如遂发兵反。"梁王不听,称病。梁王怒其太仆,欲斩之。太仆亡走汉,告梁王与扈辄谋反。于是上使使掩梁王。梁王不觉,捕梁王,囚之雒阳。有司治反形已具,请论如法。上赦以为庶人,传处蜀青衣。西至郑,逢吕后从长安来,欲之雒阳,道见彭王。彭王为吕后泣涕,自言无罪,愿处故昌邑。吕后许诺,与俱东至雒阳。吕后白上曰:"彭王壮士,今徙之蜀,此自遗患,不如遂诛之。妾谨与俱来。"于是吕后乃令其舍人告彭越复谋反。廷尉王恬开奏请族之。上乃可,遂夷越宗族,国除。

从这一段可以看出几个问题：

首先，刘邦对彭越没有像对待韩信一样纠结，他就是单纯想收回权力，让彭越平静地安享晚年，没有要拉彭越一起上路的意思。但是吕后不这么认为，一是彭越这么年轻，二是彭越有这么多军队，只要他活着，迟早是个炸弹。与其等刘邦死后铲除，不如现在趁机砍了。于是就有了吕后假惺惺安慰彭越，然后再唆使其他人诬告彭越谋反，等人证物证齐全，就走司法流程，名正言顺地杀了彭越。

其次，值得庆幸的是，彭越只是被夷族，没有牵涉其他亲人，而韩信则是被夷三族；不幸的是，彭越死得非常凄惨，最后被做成了肉酱，分发给了其他诸侯王。

司马迁在《史记·黥布列传》中是这么记载吕后的残忍的：

> 十一年（公元前 196 年），高后诛淮阴侯，布因心恐。夏，汉诛梁王彭越，醢之，盛其醢遍赐诸侯。至淮南，淮南王方猎，见醢，因大恐，阴令人部聚兵，候伺旁郡警急。

这段翻译过来就是：公元前 196 年，也就是刘邦驾崩前的一年，年初吕后杀了韩信，夏天又杀了彭越。不仅杀了彭越，还把彭越剁成了肉酱；不仅剁成了肉酱，还用坛子装起来分给各个诸侯国王。英布收到这坛子肉酱的时候正在打猎，一下子就害怕了，马上加强边防布置，以防不测。

可见，吕后的这一举动可能直接刺激了英布的谋反。因为英布发现，不管反还是不反，最后都是死路一条，干脆就反了。

刘邦驾崩前，把他所封的7个异姓王干掉了6个，临死前还不忘带着大臣发毒誓：非刘姓不得封王。为什么不把异姓王全部干掉呢？因为刘邦没有时间了，刘邦灭掉英布之后没多久就驾崩了。那吕后为什么不继续这项"伟大"的事业呢？不是吕后心善，而是吕后不能也不敢了。最后一个异姓王是长沙王，在刘邦平定英布的时候，长沙王是出了大力的，亲手把英布的头砍了下来。最重要的是，英布还是长沙王的姐夫，所以吕后此时也不便下手。当吕后想对长沙王动手的时候，刘邦已经驾崩了，长沙王就这么阴差阳错躲过了一劫，成了汉朝唯一的异姓王。

吕后为什么要对功臣下这么大的毒手？至少有三个原因：

首先，吕后要稳固刘氏的江山，必须震慑功臣。韩信必须死，彭越可以死，黥布不得不死。三个最大的功臣都杀了，剩下的谁还敢不服？

其次，历史的经验包括后面的事实一再证明，作为诸侯国，尤其是地盘大的国，造反是经常发生的。

最后，历史不容假设，政治不容冒险。为了江山社

稷的稳定，吕后只能把所有可能的隐患都提前排除，哪怕存在错杀或误杀。这就是"为之于未有，治之于未乱"。

第四节　汉文帝的机不可失

我们再来看看汉文帝刘恒是怎么抓住登基为帝这千载难逢的机会的。

陈平、周勃以及其他大臣在长安城和吕氏家族斗智斗勇，甚至到最后双方杀的热火朝天的时候，刘恒一直在自己的封地休养生息，没有派出一兵一卒到长安城摇旗呐喊。但是当刘恒收到消息让他去做皇帝的时候，他毫不犹豫就派出自己的亲舅舅薄昭前去长安城打听虚实，很快舅舅就回消息说可靠。得到消息后，刘恒没有一丝犹豫、没有一刻停留，立刻带着十几个随从向长安飞奔而去。

《史记·孝文本纪》是这么描述的：

> 薄昭还报曰："信矣，毋可疑者。"代王乃笑谓宋昌曰："果如公言。"乃命宋昌参乘，张武等六人乘传诣长安。至高陵休止，而使宋昌先驰之长安观变。

这里的张武是刘恒的秘书长（郎中令），宋昌是刘恒的警卫司令（中尉），两人都是刘恒在代国非常信任的人。一行人加上司机都不超过20人就前往长安继承皇位去了,关键是这些人没有用刘恒自己的专车,而是用公务专车——乘传,这是朝廷在各地驿站设置的公务车,配备的都是下等马。这个细节非常重要,进可攻,退可守。一旦不能继承皇位,那刘恒就是出差公干,至少不能说他是来谋反的。

另外一个细节是刘恒一行人到了高陵就停下了,高陵到长安还有大概30公里的距离,按照马车的速度最多半天时间就到长安城了。停下之后,刘恒派宋昌再去长安城确认消息的可靠性,他自己则留在高陵等消息。可见刘恒是非常机警的,在大事面前能够做到沉着冷静和胆大心细。

作为军人的宋昌当然义不容辞打前阵,没想到他还没有到长安就看到丞相和一帮文武大臣在渭桥等着,一了解才知道大家都在这里迎接刘恒呢!这下确定无疑了,宋昌马上返回去向刘恒报告。刘恒于是快马加鞭往渭桥赶,君臣双方就在渭桥见了面。

《史记·孝文本纪》是这么描述的:

> 昌至渭桥,丞相以下皆迎。宋昌还报。代王驰至渭桥,群臣拜谒称臣。代王下车拜。太尉勃进曰:"愿请间言。"宋昌曰:"所言公,公言之。所言私,王者不受私。"太尉乃跪上天子玺符。代王谢曰:"至代邸而议之。"

这里同样有两个细节值得学习，第一个是周勃拿着玉玺对刘恒说：咱们找个地方单独聊聊，结果被宋昌直接帮刘恒拒绝了。因为这时候周勃提什么要求，刘恒可能都要答应，无论多么无理多么苛刻，一旦提出来，刘恒就没有资格拒绝，也没有实力拒绝。与其这样，还不如不给周勃这个机会。那么他们就不怕周勃临时变卦，不给玉玺吗？这个宋昌是有底气的，因为周勃一旦这么做，就相当于他一个人在左右朝政，而且周勃是军人，这么做和谋反性质差不多；另外就算周勃突然犹豫或者暂时不给，宋昌也可以狡辩说是他个人的言行，最后还是需要刘恒来定夺。幸好周勃也没有坚持。

第二个细节就是刘恒接过玉玺之后，没有在现场发表演说，或者说些感谢之类的话，只说了一句：我们都到代邸去吧！代邸是刘恒在长安城的家，刘恒回家里天经地义，就是拿着玉玺回家里也是正常的。那为什么刘恒不在渭桥搞个即兴演讲呢？因为时机不到，刘恒仅仅是接过了玉玺，对长安城没有丝毫把控，这件事是否真能尘埃落定，谁也不知道。

拿到玉玺的刘恒转身上车，迅速往代邸赶去，大臣们也紧跟着进了代邸。刘恒手拿玉玺，迟迟不表态，不说自己当皇帝也不说自己不当皇帝，这下就需要大臣们表态了。陈平是何等聪明，于是联合周勃以及十几个大臣开始进言："我们都支持您当皇帝，而且我们还请示了刘氏家族的话事人，都支持您。另外还请示了您的大娘（刘邦的大嫂）、二娘（刘邦的二嫂），她们也都支持您当皇帝，所以就请您继位吧！"刘恒一听，好像还漏了一个人，心想："我四叔（刘邦的弟弟楚王刘交）你们怎么没有说啊！"于是刘恒又说："这么大的事情，你们请示过楚王吗？"陈平一听，心想楚王根本不在长安城，要请示他又要半个月了，干脆就帮楚王做主了，于是再次回答："所有大臣都支持您，天下万民都拥护您，您就是天选之子，不要再推托了！"于是，刘恒终于同意继承皇位了。

既然同意了做皇帝，那就不能住在代邸了，身份不一样了，必须住皇宫。

当晚，刘恒就入住了皇宫，同时立马任命宋昌为卫将军，掌管南北军，也就是京城的警卫部队；任命张武为郎中令，负责宫中的安全和大小事务。刘恒连夜发布命令，大赦天下，举国欢庆五日。

《史记·孝文本纪》的描述是：

> 皇帝即日夕入未央宫。乃夜拜宋昌为卫将军，镇抚南北军。以张武为郎中令，行殿中。还坐前殿，于是夜下诏书曰："间者诸吕用事擅权，谋为大逆，欲以危刘氏宗庙，赖将相、列侯、宗室、大臣诛之，皆伏其辜。朕初即位，其赦天下，赐民爵一级，女子百户牛酒，酺五日。"

有了玉玺，控制了长安城的军队，掌管了皇宫，做完

这三件事情，刘恒才算真正坐上了皇帝宝座。

我们再来看看最有竞争力也最有实力的皇位候选人是怎么丢掉机会的，这个人就是齐王刘襄。刘襄是刘邦的大孙子，是刘邦长子刘肥的大儿子。虽然刘肥是长子，可是他母亲和刘邦没有结婚，所以不算嫡长子，但是刘邦给刘肥的封地最大，所以刘襄继承的家业也是最大的。

在铲除吕氏家族的行动中，刘襄他们这一支血脉是出力最大的。刘襄有两个弟弟都在长安城任职，一个是刘章，一个是刘兴居，而且这两人都混得很好，都被封了侯。丞相吕产就是刘章亲自带兵砍死在厕所里的，所以厥功至伟。这两个弟弟在长安城这么卖力，本打算是接哥哥刘襄过来做皇帝的，刘襄也确实按照双方的约定带兵往长安赶了。可是，在这么重要的时刻，刘襄犯了一个大忌。

刘襄率领大军往长安赶，到了荥阳，朝廷派灌婴率领大军前去阻击，这个不用过多解释，诸侯国的军队肯定是不能进长安城的，无论有什么理由。灌婴就说："你看现在朝中非常混乱，你也不要为难我，我们双方都在原地等待，静观朝中的变化，等有了明确的结果后再进一步打算。"没想到刘襄竟然同意了。

更让人没有想到的是，刘襄闲着没有事干，竟然率大军去收复失地了，即他在吕后执政时期被夺走的城池。刘襄率领精锐部队迅速北上把济南城收复了，然后又回到了荥阳，这时候，朝中传来消息，说刘恒已经当了皇帝了，你可以回去了。"将军赶路不追小兔"，刘襄完美诠释了这句话的反面意思，得到了一个济南城，失去了做皇帝的机会。

《史记·齐悼惠王世家》是这么描述的：

> 灌婴至荥阳，乃谋曰："诸吕将兵居关中，欲危刘氏而自立。我今破齐还报，是益吕氏资也。"乃留兵屯荥阳，使使喻齐王及诸侯，与连和，以待吕氏之变而共诛之。齐王闻之，乃西取其故济南郡，亦屯兵于齐西界以待约。

所以在刘襄攻打济南城的时候，正是刘恒从代国火急火燎往长安城赶的时候，一个是一心当皇帝，一个是一心想着自己的一亩三分地。

估计刘襄非常后悔，因为刘恒上任后，把齐国原来所有的土地都归还了他。刘襄是越想越气，竟然不到一年活活气死了。

很多人可能会反驳，刘襄领着大军呢，没有办法进长安城。其实这是个伪命题，因为只要想进，可以只带着几个随从就进，没人可以拦着。比如刘泽，他听说要铲除吕氏家族，也是带着军队冲了过去，尽管他的军队被刘襄扣留了，但他自己还是进了长安城。

《史记·荆燕世家》的描述是：

及太后崩，琅邪王泽乃曰："帝少，诸吕用事，刘氏孤弱。"乃引兵与齐王合谋西，欲诛诸吕。至梁，闻汉遣灌将军屯荥阳，泽还兵备西界，遂跳驱至长安。代王亦从代至。

刘泽可以把兵留在荥阳，只身前往长安，刘襄怎么不能呢？刘泽也没有接到密诏，不怕危险，刘襄甚至还有两个弟弟在长安城替他谋划。归根结底，还是刘襄心中没有大局，所以即便机会摆在他的面前，他也抓不住。

机会人人都有，你的胸怀有多大，你看到的机会就有多大。刘恒看到的是天下，所以得到的就是天下；刘襄看到的是齐国，所以得到的就是齐国。

第五节　汉景帝的借机发挥

我认为，司马迁对汉景帝的评价是极其不公平的，尤其是这句盖棺论定的话："汉兴，孝文施大德，天下怀安，至孝景，不复忧异姓。而晁错刻削诸侯，遂使七国俱起，合从而西乡，以诸侯太盛，而错为之不以渐也。"（《史记·孝景本纪》）这句话的大意就是：在汉文帝的时候，由于汉文帝宽宏大量实施仁德，所以天下太平。到了汉景帝时，其实不用担心异姓王的威胁了，但是汉景帝还是听信了晁错的建议实施削藩，而后才激起了吴楚七国之乱，根本原因就是晁错和汉景帝操之过急。

我认为，这段话里有两个错误：第一个错误是认为在刘邦去世前，基本已经没有异姓王的威胁了，因为刘邦死之前已经把异姓王几乎杀完了，最后只剩下一个长沙王，而且长沙王忠心耿耿五代人。所以在吕后执政的时期就没有异姓王的威胁，在汉文帝时期也没有异姓王的威胁，更何况是汉景帝的时候。第二个错误就是认为汉景帝和晁错操之过急的削藩，才激起了吴楚之乱，其实汉景帝削不削藩吴楚都会乱，这已经是天下共知的秘密了。我们可以看看司马迁对吴国的两位丞相——袁盎和窦婴的描述。

《史记·袁盎晁错列传》中提到了袁盎到吴国任丞相的情况：

> 徙为吴相，辞行，种谓盎曰："吴王骄日久，国多奸。今苟欲劾治，彼不上书告君，即利剑刺君矣。南方卑湿，君能日饮，毋何，时说王曰毋反而已。如此幸得脱。"盎用种之计，吴王厚遇盎。

这段话的大意是：朝廷又改任袁盎为吴国丞相，在他辞行之际，袁种对他说："吴王骄横已久，吴国内部有很多奸邪之人。现在如果您想揭发其罪行，并予以惩治，那些人不是上书告您，就是用利剑刺杀您。南方地势低洼潮湿，您只要每天喝酒，不要管别的事，经常劝说吴王不要谋反就行了。这样，您才有可能侥幸摆脱危

险。"袁盎便采纳了袁种的计策,吴王待他也很优厚。

《史记》虽然对窦婴任吴国丞相的描述简短,但也是一针见血:"孝文时,婴为吴相,病免。"为什么说是一针见血呢?因为窦婴是窦太后的侄子,也是汉景帝的表弟,这是比较亲的关系。窦婴自知去吴国任丞相危险系数很高,所以直接装病。

从以上描写可以看出大家都知道吴王要造反,汉景帝又怎能不知道?

所以汉景帝一上台就知道自己最重要的工作就是收回吴国。但是仅凭自己一人还是有一定难度的,必须团结一切可以团结的人,利用一切可以利用的力量。他最能信任的人就是亲弟弟梁孝王,而且梁国的实力雄厚,甚至梁国的军队实力不比朝廷能调动的中央军弱,因为朝廷的大部分军队主力在北方抵御匈奴,是不能随意调用的。为了拉拢弟弟,汉景帝可谓煞费苦心,具体情况我们前文提到过。为此,汉景帝连太子都不立,就是留给弟弟梁孝王以想象空间。

接下来汉景帝还得搞定朝中的大臣,让他们团结一心,一致对外。此时朝中的得力大臣就是晁错和袁盎,但是袁盎和晁错两人又极其不合,互相看不惯。按理说在这种情况下,两人应该握手言和,共同应对危机,但是没有,他们这时候都想置对方于死地。

晁错先出招。高手过招,如果不能一剑封喉置对方于死地,那么便很少再有胜算。晁错就是犯了这个致命的错误。

《史记·袁盎晁错列传》记载:

> 晁错谓丞史曰:"夫袁盎多受吴王金钱,专为蔽匿,言不反。今果反,欲请治盎宜知计谋。"丞史曰:"事未发,治之有绝。今兵西向,治之何益!且袁盎不宜有谋。"晁错犹与未决。人有告袁盎者,袁盎恐,夜见窦婴,为言吴所以反者,愿至上前口对状。窦婴入言上,上乃召袁盎入见。晁错在前,及盎请辟人赐间,错去,固恨甚。袁盎具言吴所以反状,以错故,独急斩错以谢吴,吴兵乃可罢。

在这件事情上,晁错尽管说出的是事实,因为袁盎确实做过吴国的丞相,也收过吴王很多贿赂,但是晁错犯了一个意想不到的错误,那就是他不应该先找手下商量。晁错本身就是御史大夫,位列三公,是负责纪检的最高行政长官。这么重要的事情,他本可直接查办袁盎,或者第一时间汇报给皇帝,让皇上定夺。事不密则失其身!

袁盎听到风声后,直接选择了绝地反击,拉上也曾是吴国丞相的窦婴一起去见皇上,说他有重要消息汇报。于是皇帝连夜召见了袁盎和窦婴。袁盎一看晁错竟然半夜还在皇上身边,心中的杀气顿时喷涌而出。于

是，袁盎说他的消息只能对皇上一人说，皇上说都是自己人，就说吧。袁盎就是不说，没办法，晁错只好识趣离开了。袁盎抓住时机就说，要想平定吴楚之乱，只要杀了晁错，吴楚自然退兵。而且袁盎保证，只要杀了晁错，他亲自去劝吴楚退兵。

汉景帝听完，当时并没有表态，但是几天后就把晁错杀了，而且是亲自下令，没有审判也没有通知，直接把晁错骗到刑场就地处决。然后就让袁盎去履行自己的承诺，让他去劝说吴楚退兵。

袁盎自然是不可能让吴楚退兵的，但是没办法，他也必须去。袁盎差点被吴王给杀掉，最后才侥幸逃脱出来。两军对阵，正是用人之际，尽管汉景帝已经明白自己上了袁盎的当，但这时候也没有心思再杀人了，于是暂时放过了袁盎，让他到军队效力。

在平定吴楚之乱中，窦婴为大将军，监齐、赵两国的军队，驻守在荥阳，其实就是长安城的最后防线；袁盎是太常（九卿之一），配合窦婴驻守荥阳；周亚夫为太尉（临时），负责出击吴楚叛军；梁孝王是前锋，也是桥头堡，因为吴楚叛军先进攻梁国，吴楚叛军不拿下梁国不敢继续西进，否则就是前后夹击。这样一来的重点就在梁国，只要梁国不倒，周亚夫就能保存实力；只要周亚夫不倒，窦婴就毫无压力。在吴楚叛军和梁国都精疲力竭的时候，周亚夫出兵轻松打败了吴楚叛军。于是整个朝廷终于松了一口气。

平定吴楚之后,汉景帝开始赏赐有功之人,正式任命周亚夫为太尉;封窦婴为侯;升任袁盎为楚国的丞相;至于亲弟弟梁孝王更是功不可没,大加赏赐。然而,紧接着汉景帝突然宣布立太子。这一刻,梁孝王才明白无论自己多么卖命,哥哥传位于他的话终归是一句戏言。

没过多久,袁盎辞职不干了,于是回家养老。这时候汉景帝还挺念旧,有些问题还时不时来请教下袁盎。

就这样过了四年,在汉景帝执政的第七年,汉景帝突然把太子废了。这一下,梁孝王似乎又感觉到了什么,内心蠢蠢欲动,同时让窦太后暗示汉景帝,让他传位给自己。

既然梁孝王把球又踢了出来,窦太后也助力了,汉景帝只好找人接球,于是想到了袁盎。袁盎竟然欣然接受,亲自去说服窦太后,并且真的把窦太后说通了。但是梁孝王心还没有死,这个是隐患的根本。

梁孝王得知自己的春秋大梦竟然被袁盎扑灭了,于是派出几十名刺客去杀袁盎。袁盎虽然躲过几次刺杀,最后还是死在了刺客的剑下。

汉景帝得知情况后,大惊失色,发誓要追查到底,无论是谁一定要缉拿归案。之后的事情前文已经介绍过了,不再赘述。

第六节　汉武帝的防患于未然

汉武帝临死前才确立最小的儿子刘弗陵为太子,并随即把刘弗陵的母亲钩弋夫人杀了,不仅如此,汉武帝还把他所有子女的母亲都杀了。

《史记·外戚世家》的原文为:

> 上居甘泉宫,召画工图画周公负成王也。于是左右群臣知武帝意欲立少子也。后数日,帝谴责钩弋夫人。夫人脱簪珥叩头。帝曰:"引持去,送掖庭狱!"夫人还顾,帝曰:"趣行,女不得活!"夫人死云阳宫。时暴风扬尘,百姓感伤。使者夜持棺往葬之,封识其处。"诸为武帝生子者,无男女,其母无不谴死。"

汉武帝为什么这么冷酷无情?他为什么要这样做?司马迁记录汉武帝的原话是:"往古国家所以乱也,由主少母壮也。女主独居骄蹇,淫乱自恣,莫能禁也。女不闻吕后邪?"(《史记·外戚世家》)这句话翻译过来就是:自古国家所以乱,主要是皇帝弱小而母亲强势,母亲(太后)一个人守寡而且大权独揽,肆意淫乱和干政,没人能够制衡。吕后就是最好的例子。

汉武帝一生最要感谢的三个女人是:王娡、陈阿娇、卫子夫,但是汉武帝一生最恨的女人估计也是这三位,或许你会认为这怎么可能呢？王娡是汉武帝亲生母亲；陈阿娇是汉武帝的第一任皇后，为汉武帝登基立下了汗马功劳；卫子夫是汉武帝的第二任皇后，弟弟卫青和外甥霍去病的军功让汉武帝彪炳史册。

王娡不仅给了汉武帝生命，还点燃了汉武帝的野心，从这方面讲，王娡无疑是一个伟大的母亲。王娡一生的愿望就是儿子当上皇帝，为此她不惜代价、不择手段，当汉武帝终于登基做了皇帝后她才稍微松了口气；等汉武帝真正掌握军权拥有绝对权力的时候，王娡才彻底放下心来。然而王娡并没有选择安享晚年，而是准备再创辉煌。

王娡有个同母异父的弟弟叫田蚡，就是汉武帝的舅舅。田蚡能力不大，野心不小，借着姐姐的影响竟然做了丞相，根本不把任何人放在眼里。有一次田蚡和窦婴发生了矛盾，窦婴是汉武帝奶奶窦太后的侄子，论辈分，窦婴也是汉武帝的舅舅，而且在平定吴楚七国之乱的时候窦婴还立了大功，所以这事对汉武帝来说很棘手。其实这个时候窦太后已经去世了，汉武帝已经拥有了绝对权力，于是汉武帝就准备让这两位舅舅当庭辩论，互揭老底。这两位舅舅果然上当了，当着御史大夫和百官的面，互相指责，好比泼妇骂街一样，什么龌龊事情都抖了出来。汉武帝暗自发笑，但表面表现得还是很为难，说这个官司不好判啊！

由于奶奶窦太后已经去世,所以汉武帝就去找她母亲商量,其实王娡早就得到弟弟当庭辩论的消息,田蚡被当众揭发贪污、抢占土地等很多老底,情况非常不妙。于是王娡看到儿子就说:"今我在也,而人皆籍吾弟,令我百岁后,皆鱼肉之矣。且帝宁能为石人邪!此特帝在,即录录,设百岁后,是属宁有可信者乎?"(《史记·魏其武安侯列传》)王太后这话说得很重啊,可见非常生气。王太后的大意是:我还活着呢,就有人欺负我弟弟;要是我不在了,那还不把我弟弟吃了。皇帝你是个石头人吗!幸亏现在皇帝你还在,这些大臣们只会唯唯诺诺,要是哪天不在了,他们还有能相信的吗?汉武帝听了也是无奈,赶快说:"俱宗室外家,故庭辩之。不然,此一狱吏决耳。"(《史记·魏其武安侯列传》)汉武帝的意思是:正因为都是亲戚,所以我才让他们当庭辩论,要不这不就是一起普通的案件,只要秉公处理就好。

辩论的结果就是汉武帝把舅舅窦婴给斩了,因为窦婴已经没有靠山了。田蚡本应高兴,然而田蚡一看汉武帝真动刀了,自己竟然吓傻了,被汉武帝吓出病了,在窦婴死后没有几个月也病死了。若干年后,汉武帝发现田蚡曾经勾结过淮南王刘安,说了一句"使武安侯在者,族矣"。意思是:要是武安侯田蚡还活着,我非要灭他家族。这句话充分彰显了汉武帝的愤怒,更是对母亲干政的不满。于是田蚡死后,王娡彻底淡出政坛,再也不过问政事了!

关于陈阿娇的故事前面已经多次提到了,只能说"金屋藏娇"看似是一个浪漫的爱情故事,其实是一个悲惨的婚姻事故。汉武帝的出身不占优势(母亲没有背景),没有竞争力(14个兄弟中排行第10),他的上位确实与陈阿娇有一定关系。但是陈阿娇在汉武帝掌权后行事欲发张狂,不仅时常提醒汉武帝在上位过程中她的家族出的力,而且陈阿娇还要把汉武帝占为己有,不准其他女人接近汉武帝,更不准其他女人怀上汉武帝的儿子,汉武帝结婚十几年了都没有孩子。直到汉武帝的姐姐把卫子夫送给汉武帝,等卫子夫怀孕时汉武帝已经28岁了。陈阿娇得知消息后,非常生气,差点把卫子夫的弟弟卫青杀了泄愤,幸好汉武帝迅速把卫青保护了起来。汉武帝掌握绝对权力之后,第一件事情就是把陈阿娇打入冷宫,永不相见,到死都没有再看陈阿娇一眼。

最后我们说下汉武帝的第二任皇后卫子夫。卫子夫出身低微,两人的婚姻搭配应该是非常稳固的,而且卫子夫的弟弟卫青也非常争气,外甥霍去病更是一代战神。这么来看,卫子夫的地位相当稳固,他们的儿子刘据也被封为太子。不出意外的话,刘据应该就是汉武帝之后的皇帝了。然而,刘据和丞相刘屈氂以及江允发生了矛盾,这两人为了自保,开始陷害刘据,刘据为了自保,只能选择反击。于是一场大战不可避免地发生了,双方调动兵力在长安城杀得昏天黑地,血流成河,死了

几万人。最后太子刘据没有兵力可调了，就从城中逃了出去，不久就自杀了。有人可能会疑惑，他的父亲汉武帝呢？在城外修养，静等结果。舅舅卫青呢？15年前就去世了。表哥霍去病呢？26年前去世了。所以这就是为什么这些人敢得罪甚至欺负刘据的原因，他的后台早已今不如昔了。在这个过程中，卫子夫是怎么做的呢？她犯了一个严重的错误，就是亲自帮助儿子。她用皇后的身份私自调动禁卫军参战，结果还是战败，最后自杀身亡。其实如果当时卫子夫利用她皇后的身份亲自去见汉武帝，当面把情况说明，而不是任由这些官员传达旨意，歪曲事实，情况或许会不同。当卫子夫也参与进来后，整个事情就不可逆转了。所以卫子夫去世后，没有按照皇后身份安葬，只是草草掩埋而已。

　　历史不能假设，时光不会倒流。当汉武帝明白过来后，追悔莫及，也只有把丞相刘屈氂和江允两人灭族来解恨。刘据自杀后，汉武帝的生命也只剩下四年了，这件事情对汉武帝的打击是相当大的，之后他猜忌之心越发重，几乎不相信任何人了。

　　总之，看完汉武帝和王娡、陈阿娇和卫子夫三个女人的恩怨情仇，我们似乎多少也能理解一点儿汉武帝的决定。至少我觉得汉武帝在这个事件上是站在更高的层面上来处理的——为之于未有，治之于未乱。没有对错，只有利弊。